项目名称：2021年山东省本科教学改革研究项目"高校体育课内外一体化育人模式研究"
项目编号：M2021107　　　主持人：杜兴彬

立德树人
以体育人

大学体育课程思政

教学实践

◎ 主编　杨　义　杜兴彬
◎ 主审　刘瑞平　门顺德

大连理工大学出版社
Dalian University of Technology Press

图书在版编目(CIP)数据

立德树人　以体育人：大学体育课程思政教学实践 / 杨义，杜兴彬主编. -- 大连：大连理工大学出版社，2024.7

ISBN 978-7-5685-4970-7

Ⅰ.①立… Ⅱ.①杨…②杜… Ⅲ.①高等学校－思想政治教育－教学研究－中国 Ⅳ.①G641

中国国家版本馆 CIP 数据核字(2024)第 089258 号

LIDESHUREN YITIYUREN：
DAXUE TIYU KECHENG SIZHENG JIAOXUE SHIJIAN

大连理工大学出版社出版
地址：大连市软件园路 80 号　邮政编码：116023
发行：0411-84708842　邮购：0411-84708943　传真：0411-84701466
E-mail：dutp@dutp.cn　URL：https://www.dutp.cn
大连天骄彩色印刷有限公司印刷　　大连理工大学出版社发行

幅面尺寸：185mm×260mm　　印张：13.5　　字数：212 千字
2024 年 7 月第 1 版　　　　　　　　2024 年 7 月第 1 次印刷

责任编辑：邵　婉　朱诗宇　　　　　　责任校对：张　娜
封面设计：奇景创意

ISBN 978-7-5685-4970-7　　　　　　　　　定　价：99.00 元

本书如有印装质量问题，请与我社发行部联系更换。

《立德树人 以体育人：大学体育课程思政教学实践》编委会

主　编：杨　义　杜兴彬

副主编：薛　鹏　田　骐

编　委：（以姓氏笔画为序）

王　永　王山松　邓亚南　田　骐　朱礼娜　朱雯琪
刘　冉　刘　莉　刘　晓　刘　雪　闫桂玲　李　彤
李万众　李晓明　李继华　吴　昊　张　迪　张晨雨
张婧雪　林在森　胡保胜　贾文杰　桑晓燕　康　铭
韩　珂　焦振超　褚金梁

主　审：刘瑞平　门顺德

序

　　教育是一种情怀,更是一种责任,由德州亚太集团出资创办的山东华宇工学院就是这样一所基于对教育有着浓厚情怀,又怀揣社会责任感的民办本科高校。而践行此初心的最重要体现就是育人,其目标就是为经济社会发展培养更多高质量的适用人才。

　　为深入贯彻落实教育部《高等学校课程思政建设指导纲要》(教高〔2020〕3号),我们发布了《山东华宇工学院推进课程思政建设指导意见》(鲁华宇院党字〔2021〕4号)和《山东华宇工学院课程思政建设实施方案》(鲁华宇院政字〔2021〕14号),旨在把思想政治教育贯穿人才培养全过程,发挥好课程育人作用,深入推进课程思政建设,全面提高人才培养质量。

　　近年来,我校体育教学部在主任刘瑞平教授的带领下,以《山东华宇工学院大学体育课程教学改革实施方案》为引领,搭建体育俱乐部平台,实施"四位一体"的教学模式,将体育教学、训练、赛事和课外活动有机结合,实现体育活动对学生校园生活的全覆盖。大学体育课程改革贯彻落实立德树人根本任务,以促进学生身心健康发展为核心,将课程思政元素融入体育课程之中,通过俱乐部制,使学生熟练掌握2项运动技能,同时提升学生遵守规则意识和尊重对手意识;培养学生吃苦耐劳、持之以恒、勇于拼搏、团结合作、追求卓越的体育精神。

为满足学生的个性化需求,大学体育课程开设了 15 个体育项目,成立了相应的体育俱乐部,其中,既有传统的体育运动项目,也有新兴的体育运动项目;既有适合体质好的学生的大运动量项目,也有适合体质弱的学生的小运动量项目。满足了不同体质、不同爱好、不同性别的学生个性化需求,调动了学生的运动兴趣和学习热情,推动学生们"走下网络、走出宿舍、走向操场",积极参加体育活动,培养良好的运动习惯。中国教育报 2023 年 1 月 3 日以"山东华宇工学院:让学生动起来、让体育课活起来"为题全面报道了我校大学体育教学改革情况,受到了社会好评。

体育教学部在教学建设与改革中,始终以我校人才培养目标作为课程建设的出发点和落脚点,遵循"以生为本,德育为先,立足基础,服务专业"的教学理念,制订《体育教学部课程思政建设实施方案》,举办以课程思政为主题的动员、学习会,邀请专家作以课程思政为主题的报告,组织全体教师参加课程思政专题培训研讨活动,并组织开展课程思政讲课比赛,学习典型事迹,弘扬高尚师德。

在梳理、总结已建成的超星学习通课程思政资源教学平台的基础上,体育教学部编写了这部会说话、扫码可视的《立德树人 以体育人:大学体育课程思政教学实践》。通过案例编辑和实录再现了精细打磨课程思政元素融入教学的过程,做到了课程门门有思政,教师人人讲育人。

这是华宇教育充分实践课程育人的一个侧面。希望能够继续深入开展课程思政,将其打造成华宇教育实践课程育人的标杆项目。

杨 义

山东华宇工学院副校长

2023 年 11 月

前 言

扫码看视频

习近平总书记在全国教育大会上指出:"要树立'健康第一'的教育理念,开齐开足体育课,帮助学生在体育锻炼中享受乐趣、增强体质、健全人格、锤炼意志。"这一重要指示深刻地阐述了体育在立德树人、促进学生全面发展中不可或缺的基础性作用,明确了学校体育在育人体系中的突出战略地位。

新时代高校高质量人才培养需要构建全方位育人模式。德智体美劳全面发展决定了高校培养人必须坚持"五育"并举,全方位、多维度发展素质教育。深化高校体育教学改革,是全面贯彻党的教育方针,落实立德树人根本任务,培养德智体美劳全面发展的社会主义建设者和接班人的重要措施。

随着社会的不断发展和进步,高校体育课程已经不再仅仅是身体锻炼和技能传授的平台。在新时代,高校体育课程被赋予了更多的教育使命,其中一项就是思想政治教育。思想政治教育是高校立德树人的重要环节,对于培养学生的道德品质、提高学生的综合素质具有不可替代的作用。

高校体育课程思政是在高等教育中,将体育课程与思想政治教育相结合的教育理念和实践模式。它旨在通过体育课程的开展,培养学生的爱国情怀、集体主义精神、社会责任感和健康意识,提升学生的思想道德素质和身心健康水平。

课程思政作为一种新的教育理念,是新时期加强高校人才培养和思想政治教育的新要求、新举措、新方向,从根本上回应了"为谁培养人、培养什么样的人、怎样培养人"等重大理论与实践问题。大学体育课程具有"全面、全员、全程"等全域育人的新时代价值功能,能够达到"以体育德、以体育心、以体育智"的全方位育人效果,是"立德树人"根本任务的主要落脚点之一。随着社会的进步和人们对于教育要求的提高,体育课程思政教育逐渐向多元化、个性化方向发展。为全面贯彻习近平总书记在全国教育大会上的重要讲话精神,落实中共中央办公厅、国务院办公厅印发的《关于全面加强和改进新时代学校体育工作的意见》,我校制定了《山东华宇工学院大学体育课程教学改革实施方案》(鲁华宇院政字〔2021〕16号)。遵循"以体育人,修身健体"的教学理念,对体育教学进行了重大改革,构建了教学、活动、训练、赛事"四位一体"的体育俱乐部制教学模式,形成了"兴趣体育、技能体育、竞技体育、健康体育"的特色,为学生终身健康奠定基础。为满足学生的个性化需求,大学体育课程开设了15个体育项目,成立了相应的体育俱乐部:

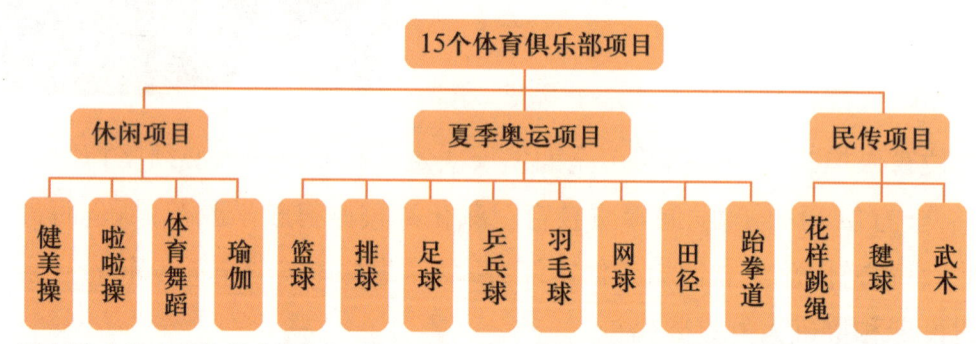

```
                    15个体育俱乐部项目
        ┌──────────────┬──────────────┬──────────────┐
      休闲项目         夏季奥运项目         民传项目
   ┌──┬──┬──┬──┐ ┌──┬──┬──┬──┬──┬──┬──┐ ┌──┬──┬──┐
  健 啦 体 瑜  篮 排 足 乒 羽 网 田 跆  花 毽 武
  美 啦 育 伽  球 球 球 乓 毛 球 径 拳  样 球 术
  操 操 舞     球 球         道  跳
         蹈                    绳
```

既有适合体质好的学生的大运动量项目,也有适合体质弱的学生的小运动量项目,既有适合男同学阳刚之气的运动项目,也有适合女同学柔静之美的运动项目,满足学生的个性化需求。

在实施体育俱乐部教学过程中,通过"教学""活动""训练""赛事"四位一体的教学形式,做到了教会技术、技能,熟悉其竞赛规则与方法,掌握科学锻炼方法;勤练技术、提高技能,每天锻炼一小时,养成良好习惯,培养持之以恒精神;选拔和发掘身体素质良好、较高竞技水平的学生,组建高水平运动队,进行系统训练;组织校内俱乐部竞赛,参加全国、省、市体育竞赛,培养学生合作、拼搏、吃苦耐劳精神。实现了预期目标:养成1个良好习惯,即自主锻炼;学会2项专项技能(自主选择);提升2个意识,即尊重对手意识、比赛规则意识;培养5种精神,即吃苦耐劳、团队合作、勇于拼搏、持之以恒、追求卓越。

大学体育教学改革,真正体现了以学生为中心,调动了学生的积极性、主动性和参与性,也实现了教师的专项专教,促进了教学相长。实践证明,体育俱乐部这一新型教学模式确实卓有成效,我部"高校体育课内外一体化育人模式研究"项目成功获批2021年山东省本科高校教学改革研究项目。

近三年,教师指导学生共参加了45项省级大学生各类体育竞赛并荣获了多种奖项,增强了学生的信心和身体素质,提高了思想觉悟,也为学校争得了荣誉,这也是课程思政教育取得的成绩。

在推进课程思政的建设中,针对体育课程特点,开展课程思政资源建设,深入挖掘体育课程在教学中蕴含的思政元素,组织全体教师建立了课程思政教学资源库,利用超星学习通平台,做到"共建共享"。将课程思政元素有机融入体育教学之中,落实立德树人的根本任务,帮助学生塑造正确的世界观、人生观和价值观。我们深知,把课程思政元素有机融入课堂教学并非一蹴而就的事情,收集到思政元素并不等于就能开展好课程思政教学,课堂上会出现硬插入、不兼容和两张皮等情况。为了将课程思政元素有机地融入教学,我们除了举办课程思政教学比赛和课程思政专题讲座之外,决定通过编辑一本会说话、扫码可视的《立德树人 以体育人:大学体育课程思政教学实践》教材来打造精品教学,将课程思政建设进一步向纵深推进。通过该举措,让我们每一名教师都参与到打造精品教学的队伍中。教学内容除了理论教学、专项技术、战术教学及心肺机能锻炼,还结合体育课程特点,深入挖掘体育课程中蕴含的育人元素,做到以体育智,以体育心。我们采取了"编写课程思政教学设计""研磨思政元素融入方式""课程思政案例教学实录",以及"观看课程思政实录查找问题重新整改"等一系列教学措施,在实施"编写—研磨—实录—整改"的整个过程中,还邀请了相关专家、教授对每门课程的课程思政教学设计进行把关,查找问题,提出解决方案。通过多次打磨锤炼,有效加深了教师们对课程思政的理解程度,拓宽了视野,提高了能力,取得了显著成效。

《立德树人 以体育人：大学体育课程思政教学实践》这本书，除了文字描述之外，还创新性地为广大读者提供了视频资源，读者不仅能阅读到所有课程的课程思政教学设计文案，而且可以通过手机扫码，看到该课的课程思政教学实录，犹如身临其境，亲身感受到我们的教师在课堂上、球场上、体育馆里是如何将课程思政元素有机地融入课堂教学的，更能感受到课程思政所带来的课堂效果和现场氛围。通过该项工作的实施，引导教师潜心教书育人，同时也提升了教师的思政素养，用自身品德修养影响学生的三观形成，实现了思政元素润物细无声、潜移默化的课堂融入目标和要求，为学校高质量发展和人才培养质量的不断提升作出了我们应有的贡献。

  本书的编写是在杨义副校长的带领下，由体育教学部全体教师完成的。门顺德教授负责本书整体策划与审校，体育教学部的教授们为青年教师把关指导，在此一并表示感谢！由于我们的水平有限，青年教师居多，书中难免有不妥与疏漏之处，敬请各位领导及同行们不吝赐教。

刘瑞平　教授

山东华宇工学院基础教学部主任

兼体育教学部主任

2023 年 11 月

目 录

中国教育报报道——山东华宇工学院：学生动起来，体育课活起来 …… 1

体育教学部简介 …… 6

体育俱乐部 1：田径 …… 8
课程思政案例 1：接力跑教学比赛……………………………… 11
课程思政案例 2：中长跑技术…………………………………… 13
课程思政案例 3：课外活动——每周 10 公里跑………………… 16
课程思政案例 4：1600 米技能测试……………………………… 17
课程思政案例 5：田径课身体素质练习………………………… 20

体育俱乐部 2：跆拳道 …… 24
课程思政案例 1：横踢腿法……………………………………… 26
课程思政案例 2：柔韧素质练习………………………………… 28
课程思政案例 3：跆拳道品势技术测试………………………… 30
课程思政案例 4：品势小组赛…………………………………… 32

体育俱乐部3：体育舞蹈　　36

　　课程思政案例1：恰恰舞方形步动作 …………………………… 38
　　课程思政案例2：体育舞蹈礼仪动作 …………………………… 40
　　课程思政案例3：摩登舞元素练习 ……………………………… 42
　　课程思政案例4：维也纳华尔兹舞教学比赛 …………………… 44

体育俱乐部4：啦啦操　　48

　　课程思政案例1：柔韧性练习 …………………………………… 50
　　课程思政案例2：舞蹈啦啦操编排的基本规则 ………………… 52
　　课程思政案例3：舞蹈啦啦操教学比赛 ………………………… 54
　　课程思政案例4：爵士啦啦操教学比赛 ………………………… 56
　　课程思政案例5：花球啦啦操成套动作 ………………………… 58

体育俱乐部5：健美操　　62

　　课程思政案例1：大众锻炼标准一级操化一动作编排 ………… 64
　　课程思政案例2：大众锻炼标准一级操化一正方向动作 ……… 66
　　课程思政案例3：健美操音乐创编 ……………………………… 68
　　课程思政案例4：健美操教学比赛 ……………………………… 70
　　课程思政案例5：第三套大众健美操锻炼标准一级第一段动作
　　　　　　　　　正方向 …………………………………………… 72

体育俱乐部6：瑜伽　　76

　　课程思政案例1：初级拜日式 …………………………………… 78
　　课程思政案例2：幻椅式 ………………………………………… 79
　　课程思政案例3：串联体式 ……………………………………… 81
　　课程思政案例4：瑜伽体式串联 ………………………………… 83
　　课程思政案例5：单腿背部伸展式 ……………………………… 85

体育俱乐部7：武术 … 89

- 课程思政案例1：二十四式太极拳 …… 91
- 课程思政案例2：武德武礼 …… 93
- 课程思政案例3：少林八步连环拳 …… 95
- 课程思政案例4：五步拳 …… 97

体育俱乐部8：足球 … 101

- 课程思政案例1：足球脚内侧传球技术 …… 103
- 课程思政案例2：足球进攻战术 …… 105
- 课程思政案例3：足球基本技术串联 …… 107
- 课程思政案例4：足球正脚背颠球技术 …… 108

体育俱乐部9：篮球 … 112

- 课程思政案例1：教学比赛(1) …… 115
- 课程思政案例2：教学比赛(2) …… 117
- 课程思政案例3：传接球技术 …… 119
- 课程思政案例4：运球技术 …… 121

体育俱乐部10：排球 … 125

- 课程思政案例1：教学比赛 …… 127
- 课程思政案例2：正面双手垫球 …… 129
- 课程思政案例3：排球正面下手发球技术学习 …… 131
- 课程思政案例4：边一二进攻战术 …… 133

体育俱乐部 11：乒乓球　　138

  课程思政案例 1：乒乓球教学比赛　　141

  课程思政案例 2：乒乓球俱乐部内部比赛　　143

  课程思政案例 3：正手攻球技术　　144

  课程思政案例 4：教学比赛　　146

  课程思政案例 5：反手推挡技术　　149

  课程思政案例 6：正手攻球、反手推挡技术　　151

体育俱乐部 12：羽毛球　　154

  课程思政案例 1：反手发网前球技术　　157

  课程思政案例 2：教学比赛(1)　　158

  课程思政案例 3：教学比赛(2)　　160

  课程思政案例 4：复习全场步法　　162

  课程思政案例 5：全场步法和全场多球　　164

体育俱乐部 13：网球　　168

  课程思政案例 1：发球技术　　170

  课程思政案例 2：双打战术配合　　172

  课程思政案例 3：网球教学比赛(1)　　174

  课程思政案例 4：网球教学比赛(2)　　175

体育俱乐部 14：毽球　　179

  课程思政案例 1：复习腿触球　　181

  课程思政案例 2：脚内侧踢球考核　　183

  课程思政案例 3：教学比赛(1)　　184

  课程思政案例 4：教学比赛(2)　　186

体育俱乐部 15：花样跳绳　　　　　　　　　　　　　　189

课程思政案例 1：多长绳花样 …………………………………… 191
课程思政案例 2：长绳绕"8"字 …………………………………… 193
课程思政案例 3：长绳"8"字跳 …………………………………… 195

山东华宇工学院
体育俱乐部
SPORTS CLUB

中国教育报报道——山东华宇工学院：学生动起来，体育课活起来

2023年1月3日，中国教育报以"山东华宇工学院：学生动起来，体育课活起来"为题对我校大学体育课教学改革做了全面报道，原文如下：

山东华宇工学院：学生动起来，体育课活起来

日前，在山东华宇工学院的校园内，篮球、足球、排球、乒乓球、羽毛球、武术、跆拳道、啦啦操……多种体育项目展现风采，操场上欢呼声阵阵，处处散发着运动的热情与活力。

如何让体育课活起来、让学生动起来？这是高校公共体育课面临的一大难题。山东华宇工学院执行校长梁玉国指出："要打破常规，大胆创新，体育不仅是教会学生运动技术与技能，培养学生养成良好的运动习惯，更重要的是要培养学生的体育精神，让体育在育人工作中起到重要作用。"

近年来，学校积极探索新的教学模式，在理念、思路、制度、体系等方面突破旧有框架，加大体育设施成本投入和资源优化，力求实现学校体育软硬件资源的双升级，使学校体育教学质量得到大幅提升，以体育人成效凸显。

创新教学模式，实现体育课内外一体化

在山东华宇工学院科技文化艺术节的"演WU大赛"和球类联赛上，学生们尽情地展示着体育和艺术等方面的技能，激情在汗水中迸发，青春在阳光下绽放。

"这是学校大学体育课程改革的一个缩影，激发了学生对体育运动的热爱，让学校体育焕发了新活力。"体育教学部主任刘瑞平说。

近年来，学校以《山东华宇工学院大学体育课程教学改革实施方案》为制度引领，搭建体育俱乐部平台，实施"四位一体"的教学模式，将体育教学、训练、赛事和课外活动有机结合，实现体育活动对学生校园生活的全覆盖。

通过俱乐部制改革，每个分项俱乐部编制教学大纲，选择合适的教学内容，并从教学模式、教学手段及考核方式等方面进行了探索，基本实现了"教学内容个性化、教学形式多样化、教学管理规范化、教学评价多元化、课内外一体化"的目标，构建了课程教学、课余训练、课外体育活动、体育赛事"四位一体"的大学体育教学模式。

如今，学校体育俱乐部已由最初的7个发展为15个，现有俱乐部成员约12000余人。

在学校的领导下，体育俱乐部还成立俱乐部联盟，全面负责体育俱乐部

的各项活动,打造了"周周有活动、月月有比赛、常年不断线、人人都参赛"的格局。学生通过参与比赛组织、裁判、宣传、督导等工作,实现了自我教育、自我管理、自我服务,充分发挥了体育育人功能。

体育俱乐部开展各类活动竞赛达1000多场次,参赛学生达20000多人次,全校学生参与体育锻炼的热情空前高涨,呈现出以体育俱乐部内比赛为基础,大学生田径运动会、球类联赛、演WU大赛为亮点的品牌效应。

近两年,学生参加校际各级体育赛事共获得金牌6枚,其中武术俱乐部韩晨雨同学获得山东省第十六届大学生运动会武术比赛女子太极拳冠军,实现了学校本项目比赛零的突破;田径俱乐部朱帅同学获得山东省第十六届大学生运动会田径比赛中的铅球冠军。

重构体育价值,促进身心健康发展

在山东华宇工学院,体育课程改革以促进学生身心健康发展为核心,使学生养成自主锻炼的好习惯;要求学生熟练掌握2项运动技能,提升学生遵守规则意识和尊重对手意识;培养学生吃苦耐劳、持之以恒、勇于拼搏、团结合作、追求卓越的体育精神。

为满足学生的个性化需求,大学体育课程开设15个体育项目。其中,既有传统的体育运动项目,也有新兴的体育运动项目;既有适合体质好的大运动量项目,也有适合体质弱的小运动量项目。满足了不同体质、不同爱好、不同性别的学生个性化需求,调动了学生的运动兴趣和学习热情,推动学生们"走下网络、走出宿舍、走向操场",积极参加体育活动,培养良好运动习惯。

"体育俱乐部以项目为基础,集共同爱好的学生为一体,确定团队,在教师的带领下共同完成体育俱乐部的目标,激发了学生的兴趣,提高了学生的技能,培养了学生的体育精神。"刘瑞平教授说。

"在今天的师生篮球比赛中,我们学生赢得了胜利。"来自经电气工程学院的毕展玮说。他是篮球俱乐部的主席,自从大一入校就选择了篮球项目。课堂上,他学习篮球理论、技能、规则以及赛事组织等知识,课外活动时间,他天天坚持打篮球。通过两年的学习,篮球技术有了明显的提升,已经成为校篮球队的主力队员,并且还能组织俱乐部篮球联赛。

可以看出，学生在体育俱乐部中，不但学会了技能，还学到了如何进行团队管理、赛事组织以及裁判等，提升了自身的综合素质。

"原来放假我家孩子就在家玩游戏，现在每天都会出去跑步、打球。"来自羽毛球俱乐部的赵婕妤的家长说，"在学校的教育下，孩子由原来喜欢运动却不知道如何去做，转变为积极参与选择喜欢的项目。"

每天课外活动时间，学校充满了运动的气息，篮球、足球、排球、羽毛球、健美操、武术等样样俱全，田径场、篮球场、足球场、乒乓球馆等各个场馆都是爆满，学生的运动积极性明显提升。

同时，学校采取一系列措施来提高教师队伍的综合素质。通过"教授帮扶"计划、校内外培训、示范课、内部教学比赛、专题研讨、专项能力等形式对老师进行业务技能培训，精心打造了专业技能高、理论素质硬、爱体育、懂思政的体育教师队伍，为确保体育课程改革有效落地提供了保证。

体育教学部的一位女教师闫桂玲说："和以前相比，我现在上课更加得心应手，更加自信。"俱乐部制改革实现了教师的专项专教，每位教师教自己最擅长的项目。教师的专项专教与学生的个性化需求相融合，让整个体育教学达到了 1+1＞2 的效果。

经过两年改革实践，大学体育基本展现了"教会、勤练、常赛、出彩"的效果，达到了"享受乐趣、增强体质、健全人格、锤炼意志"的目标。

融合体育思政，推动立德树人

在学校，记者发现了一本有趣的书——《基础课课程思政教学案例精选》。

从这本会说话可视的《课程思政案例集》中，读者不仅能阅读到学校体育各个俱乐部项目的课程思政教学设计文案，而且还可以通过手机扫码，看到和听到该课的课程思政教学实录，犹如身临其境，亲身感受到教师在课堂上、在球场上、在体育馆里是如何将课程思政元素有机地融入体育课堂教学的，也会看到和听到我们的学生在运动场上是如何感受到课程思政教学的效果的，提高了教师们的课程思政教学能力。

针对体育课程特点，学校开展课程思政资源建设，深入挖掘体育教学中蕴含的思政元素，并探讨思政元素切入点、融入点，将它们有机融入体育教学之中，教师们通过探索课程思政案例、录制视频、插入二维码，形成了"会说话"的大学体育课程思政案例集。

学校积极拓展体育俱乐部的育人功能，努力将体育俱乐部打造成学生"自我教育、自我管理、自我服务"的成长平台。

在体育俱乐部组织架构设计中，充分体现以学生为中心的理念，培养了学生"三自"管理能力，学生由原来体育课的被动参与者变成了体育俱乐部的主人，无论在日常管理中还是在俱乐部各项比赛和活动中，他们都发挥了重要的自我管理作用，由于俱乐部成员来自不同的班级和不同的年级，这种由教师指导、学生主导的自我管理模式，让学生在属于自己的体育俱乐部里，找到一种归属感，一份快乐和自信，有效促进了俱乐部"大家庭"的快速融合。

在参与俱乐部组织管理的过程中，通过发挥学生主人翁的精神，自己组织比赛、自己裁判，自己主动思考、自己主动参与规划组织各项俱乐部活动，也培养了学生的组织管理能力、沟通交流能力、团队意识、竞争意识和集体荣誉感。

"我每天和同学都会跑至少两公里。两年以来，我的身体素质有了明显的提高。体测1000原来不及格，现在已经达到了良好。"乒乓球俱乐部的龙万令说。学生体质健康状况、心理健康状况大幅提升，精神状态大幅改善，网络依赖指数显著下降，满意度明显提高。

学校在整个大学体育改革实践中，既推动体育锻炼与体育竞技、体育素养和体育精神的对接融合，又深化体育元素与思政元素的融合对接，充分体现了以体育智、以体育心、以体育人的独特功能，更体现了培养德智体美劳全面发展的高素质应用型人才的价值所归。

"体者，载知识之车而寓道德之舍也。"体育承载着国家强盛、民族振兴的梦想。建设体育强国是二十大报告提出的目标，也是中国体育事业的要求与期待。山东华宇工学院将继续开拓创新的精神，进一步推进大学体育课程改革，提高体育课程教学质量，为培养德智体美劳全面发展的社会主义建设者和接班人做出应有的贡献。

山东华宇工学院
体育俱乐部
SPORTS CLUB ///////

体育教学部简介

　　山东华宇工学院体育教学部坚持全面发展、以生为本的原则,充分发挥体育课程育人功能,实现"育体"与"育心"完美结合。以培养德智体美劳全面发展的高素质应用型人才为目标,贯彻落实习近平总书记"要树立健康第一的教育理念,开齐开足体育课,帮助学生在体育锻炼中享受乐趣、增强体质、健全人格、锤炼意志"的讲话精神,构建课程教学、课外活动、课余训练、体育赛事"四位一体"的大学体育教学模式。

　　先后成立了田径、篮球、足球、排球、乒乓球、羽毛球、网球、健美操、啦啦操、体育舞蹈、瑜伽、武术、跆拳道、花样跳绳和毽球 15 个体育俱乐部。学生可根据兴趣爱好和个性化需求,选择自己喜欢的体育俱乐部。满足了体育教学的要求的同时,更大地激活了学生参加体育锻炼的激情。

在实施体育俱乐部教学模式中,通过"教学""活动""训练""赛事"四位一体的教学形式,做到了教会技术、技能,熟悉其竞赛规则与方法,掌握科学锻炼方法;勤练技术、提高技能,每天锻炼一小时,养成良好习惯,培养持之以恒精神;选拔和发掘身体素质良好、较高竞技水平的学生,组建高水平运动队,进行系统训练;组织校内俱乐部竞赛,参加全国、省、市体育竞赛,培养学生合作、拼搏、吃苦耐劳精神。实现了以下预期目标。养成1个良好习惯:自主锻炼;学会2项专项技能:自主选项;提升2个意识:尊重对手意识、比赛规则意识;培养5种精神:吃苦耐劳、团队合作、勇于拼搏、持之以恒、追求卓越的精神。

目前,我校拥有室内外篮球场、大学生体育训练馆、乒乓球馆、健美操馆、瑜伽馆、足球运动场、板式网球场等体育场馆,总面积为30386平方米。体育教学部现有教职工38人,其中教授1人,副教授5人,讲师22人,拥有硕士研究生学历30人。

近四年,各体育俱乐部高水平训练队参加省、市级大学生各类体育竞赛获奖106项,省级奖项90项。其中田径、武术高水平队获省大学生运动会冠军,另外啦啦操、体育舞蹈、健美操、羽毛球等项目在参加的省级比赛中也获得了优异的成绩。

山东华宇工学院
体育俱乐部
SPORTS CLUB ///////

体育俱乐部 1：田径

田径俱乐部简介

　　田径俱乐部旨在普及田径运动相关知识，立足于灵活的教学内容，注重多样的休闲游戏，聚焦于丰富的体育竞赛，以增强身体素质、促进身心发展、培养体育精神为主要目标。在满足学生的兴趣导向和运动诉求的同时，通过广泛开展俱乐部的教学、训练、活动和竞赛建构起了独特的田径体育文化氛围。

体育俱乐部1:田径

指导老师简介

贾文杰(中),讲师,硕士研究生,毕业于苏州大学体育学院体育教育训练学专业,国家一级田径裁判员,主要负责田径俱乐部的教学、训练、活动、竞赛工作。

胡保胜(右),讲师,硕士研究生,毕业于聊城大学体育学院体育教学专业,从事田径俱乐部的教学、训练、活动、竞赛等工作。

刘莉(左),助教,硕士研究生,毕业于曲阜师范大学体育学专业,研究方向为体育教育训练学。国家二级田径裁判员,主要负责田径俱乐部的教学、训练、活动与竞赛。

> 教材信息：《田径运动高级教程》
> 　　　　　人民体育出版社 ISBN 978-7-5009-4280-1
> 授课对象：本科各专业
> 课程类型：通识教育课程
> 课程性质：必修课程
> 课程思政建设团队：贾文杰、胡保胜、刘莉

课程思政案例1：接力跑教学比赛

一、课程概述

本节课的学习内容是田径接力跑教学比赛。

知识目标：使学生建立相应的动作技术概念，了解相关动作的发力特点和配合方式，从而全面掌握接力跑交接棒完整的技术动作。

能力目标：使学生了解接力跑比赛流程，可以熟知接力跑比赛的规则与注意事项。

思政目标：通过接力跑比赛，培养同学们的团结合作、勇于担当的体育精神和团队配合的意识。

课程思政教学案例
教师：贾文杰
扫码看视频

二、课程思政教学设计

（一）思政元素类型

本节课的课程思政元素为团结合作。在接力跑教学比赛过程中，将团结合作的思政元素融入课堂教学中，使学生在学习技术动作的同时，能够培养团结合作的品质。在技术动作的不断练习过程中，用隐性渗透方式培养

同学的团队配合的体育精神,旨在通过团队的协调配合养成学生团结合作、互相支持、上下一致的意识;培养学生与他人合作,不计较个人得失,为实现共同的目标而尽心尽力,无私奉献的精神;培养学生在出现问题时的不逃避、不推诿,积极承担的责任感。接力跑作为一个团体项目,更能体现出团队配合的集体主义意识,发挥出该项目培养学生团结合作的体育精神,并借此将这种精神带到学生今后的生活、学习中。

(二)课堂教学手段

1. 教学方法

课堂讲授法:讲解接力跑比赛的流程和教学比赛中的注意事项。

案例法:通过苏炳添、谢震业等奥运人物的事迹,使同学们能够在榜样的激励下,发扬团结合作的体育精神。

比赛交流法:通过接力跑相应的测试与竞赛,培养同学们团结合作、勇于担当的体育精神及团队配合的意识。

2. 课程思政融入方式

课程思政融入方式为隐性渗透式。

(三)思政元素内容

本节课的课程思政元素为团结合作。如棒次的合理分配,发挥各自的优势;竞赛时的团结友爱,互帮互助;结束后的认真总结,不逃避、不推诿、积极承担等。这些都能体现团结合作的思政元素。将团结合作意识融入课堂中,使学生在学习知识的同时,更注重提高道德素养。本节课于接力跑比赛中融入思政元素,旨在培养学生团结合作的体育精神。当我宣布要进行班级内的比赛时,各个小组进行分工和棒次安排有着不同的表现。有的小组成员认真服从安排,发挥每个成员的优势;有的小组成员积极报名,相互配合。还有的小组发生争执、争吵,大家都想争"头位",全然不顾集体利益。当比赛开始后,团队配合默契的小组可以顺利地完成比赛,每一次交接棒都可以顺利完成,发挥出了各自成员的优势。而存在不和谐声音的小组就出现了传接棒不顺利、掉棒等问题。当比赛结束后,有的小组会认真分析成功或失败的原因,积极承担责任;有的小组却相互推诿,逃避责任。对此,我因势利导指出,接力跑是一项集体性项目,需要团队成员的相互配合。用筷子和木桶的例子向学生表明团结合作的重要性。要同学们学习苏炳添、谢震业等奥运男团顽强拼搏的精神,发扬他们这种团结合作的体育精神。通过本次教学比赛,不仅仅是对学生们的意志品质的磨炼,也是对学生的集体主义精神的培养。在本节课的最后,我鼓励他们将这种团结合作的体育精神带到今后学习、工作和生活中,使其成为人生幸福、事业成功的基石。

三、教学反思

本节课的学习内容是田径课程中的接力跑比赛。当我宣布小组内自主进行棒次分配时,各个小组有着截然不同的表现,这种表现也直接影响到了比赛的结果。而比赛结束后,有的小组认真分析成功或失误的原因,有的小组却只顾相互指责。针对这种现象,我通过用我国奥运男子接力跑的例子向学生表明团队配合、团结合作的重要性,并且希望他们能将这种体育精神带到今后的学习、工作和生活中。本节课让我深刻地认识到,体育课程对学生成长的价值不仅仅体现在生理上,更体现在对体育精神和观念价值的塑造上。本节课学生的学习兴趣高涨,在今后的课堂教学过程中,要多给学生留时间和空间去创造。

课程思政案例2:中长跑技术

一、课程概述

本节课的学习内容是田径课程中的中长跑技术。

知识目标:使学生建立相应的动作技术概念,了解中长跑技术的发力特点和呼吸方法,从而全面掌握中长跑完整的技术动作。

能力目标：通过中长跑动作的练习，使学生具备长距离持续跑动的能力。

思政目标：通过中长跑相应的测试与竞赛，培养同学们的吃苦耐劳、坚持不懈的体育精神，磨炼同学们的意志品质。

课程思政教学案例
教师：贾文杰
扫码看视频

二、课程思政教学设计

（一）思政元素类型

本节课的课程思政元素为吃苦耐劳。吃苦耐劳是中华民族的传统美德，是一个人走向成功，成就一番事业的有效途径。田径被誉为"运动之母"，良好的田径基础能力为其他运动的发展提供基本保障，为其他项目学习夯实基础。在田径练习过程中更能体现出一个人的吃苦耐劳精神，因此说，吃苦耐劳是田径俱乐部学生内在的优秀品质。通过对田径课程的性质与定位、内容与范畴的边界进行延伸，给予学生以"发现自我、发展自我"的途径，从而逐步过渡到实现学生的"自我管理、自我教育和自我服务"。

（二）课堂教学手段

1. 教学方法

课堂讲授法：通过语言进行讲解中长跑技术动作的重点与难点以及测试过程中的注意事项。

案例法：通过优秀田径运动员的事迹讲解，使同学们能够在榜样的激励下，发扬吃苦耐劳的精神。

比赛测试法：通过比赛测试培养学生的竞争意识，在学生之间形成不畏辛劳、勇争第一的氛围，以此来培养学生吃苦耐劳的精神。

2. 课程思政融入方式

课程思政融入方式为隐性渗透式。

(三)思政元素内容

本节课的课程思政元素为吃苦耐劳,在教学比赛的开始、过程中以及结束,将吃苦耐劳的精神融入课堂中,使学生在完成测试的同时,更注重体育精神的培养。在1000米测试开始前时,学生表现出怕苦怕累的情绪。对此,我因势利导指出,1000米的中长跑一直是体育课程中的难点问题,对大家的身心也都是巨大的挑战。用苏炳添的事例激励学生只有不断地通过一次次的技术动作练习,才能在比赛场上表现得游刃有余,取得成功。使学生明白,吃苦耐劳、永不言败是一个人成功的基础。在测试中对想要放弃同学教育,让学生明确在中长跑技术动作的练习和测试过程中,会不断重复挑战人体极限,因此学生会感到痛苦、枯燥和劳累。只有不断地重复打磨好基础动作,一次次突破生理极限,发扬吃苦耐劳的精神,才能在成绩上有所提高。在完成测试后,鼓励大家将测试过程中发挥的吃苦耐劳、顽强拼搏、坚持不懈的体育精神带到以后的每一节课中,使其成为每个学生一生事业成功、人生幸福的法宝。

三、教学反思

本节课进行的是田径课程中的中长跑测试。当我宣布要进行1000米的测试时,发现有部分学生表现出怕苦怕累的情绪。对此,我通过苏炳添事例的讲述,要学生们学习这种吃苦耐劳的体育精神。在测试过程中有的学生想要中途放弃,我通过其他学生顽强拼搏的体育精神成功地激励他顺利地完成了比赛。在测试完成后,我高度赞扬与评价了本节课学生们表现出的体育精神,并鼓励他们将这种体育精神带到今后每一节课中,使其成为人生幸福、事业成功的基石。通过本次测试让我认识到,田径不仅仅是一门课程,在教会学生运动技能的同时,更要注重其品德的塑造。

课程思政案例3：课外活动——每周10公里跑

一、课程概述

本节课的学习内容是课外活动中的每周10公里跑。

知识目标：使学生了解课外活动中每周10公里跑的意义及重要性。

能力目标：通过练习，提高学生的有氧锻炼能力，提升学生的身体素质。

思政目标：培养学生吃苦耐劳的品质，养成良好的运动习惯。

课程思政教学案例
教师：胡保胜
扫码看视频

二、课程思政教学设计

（一）思政元素类型

本节课的课程思政元素为养成良好的运动习惯。

（二）课堂教学手段

1. 教学方法

课堂讲授法：语言讲解课外活动中每周10公里跑的意义及价值。

自主训练法：让学生自主练习，培养学生的自我管理能力。

练习法：采用集体、小组、个人等形式进行每周10公里跑的练习，提高学生的心肺功能及身体素质。

2. 课程思政融入方式

课程思政融入方式为隐性渗透式。

（三）思政元素内容

本节课的课程思政元素为养成良好的运动习惯。学校体育作为终身体育的基础，运动兴趣和习惯是促进学生自主学习和终身锻炼的前提。在体育课堂上,培养学生良好的运动习惯,对提高课堂教学效果,培养学生终身体育能力,促进学生身心健康发展有着重要的意义。在下课前,给学生布置每周10公里跑的锻炼内容,主要是锻炼学生的心肺功能以及提高学生的身体素质。教师在课余时间到操场上巡查时,未发现学生进行跑步练习,在上课时,询问学生们是否课下进行了锻炼,得到学生的回答是没有。此时融入培养运动习惯的思政元素,并要求学生每天坚持锻炼,对于提高学生自身身体素质以及跑步成绩都有帮助,并引用钟南山院士在年轻时养成的良好运动习惯的案例,引导学生在课下进行自主练习,养成能够坚持运动的习惯,让体育锻炼成为生活中的一部分。

三、教学反思

课上针对本学期考核内容,对学生布置每周跑10公里的作业要求,课下通过观察,发现大部分同学并没有进行锻炼。通过一周了解,发现只有少数学生进行自主锻炼。此时引入课程思政,通过课堂讲授,举例钟南山院士在80多岁时还拥有着强健的体魄,是因其一直保持着体育锻炼习惯,对学生进行思政教育,帮助学生建立终身体育意识,培养学生的体育锻炼习惯。教育学生"宝剑锋从磨砺出,梅花香自苦寒来",若想拥有健康的体魄和身体,就应该长期不懈地坚持体育锻炼,养成良好的锻炼习惯,成为德智体美劳全面发展的社会主义合格建设者和可靠接班人!

课程思政案例4:1600米技能测试

一、课程概述

本节课的学习内容是田径1600米技能测试。

知识目标:使学生建立相应的动作技术概念,了解相关的体力分配和呼吸方法。

能力目标：使学生了解完整的测试流程,可以熟知测试的规则与注意事项。

思政目标：通过测试,培养同学们坚持不懈、吃苦耐劳的体育精神。

课程思政教学案例
教师：贾文杰
扫码看视频

二、课程思政教学设计

(一)思政元素类型

本节课的课程思政元素为坚持不懈的体育精神。

(二)课堂教学手段

1. 教学方法

课堂讲授法:通过语言进行讲解1600米测试的流程和注意事项。

案例法:通过苏炳添事迹讲解,使同学们能够在榜样的激励下,发扬坚持不懈的体育精神。

比赛交流法:通过测试培养学生的竞争意识,在学生之间形成吃苦耐劳、勇争第一的氛围,以此来培养学生坚持不懈和努力拼搏的精神。

2. 课程思政融入方式

课程思政融入方式为隐性渗透式。

(三)思政元素内容

本节课的课程思政元素为坚持不懈的体育精神。无论是学生摔倒后再爬起,还是出现生理极限后克服极点继续参加测试,都能体现出田径课程坚持不懈的思政元素。将坚持不懈的体育精神融入课堂中,使学生在学习知识的同时,更注重提高道德素养。本节课在1600米技能测试中融入思政元素,旨在培养学生坚持不懈的体育精神。当比赛开始后,同学们都按照既定的测试流程,遵循着合理的运动节奏进行。在测试过程中,有学生跌倒后爬起选择继续测试,体现出田径俱乐部学生不畏艰辛、吃苦耐劳的良好品质。同时,有同学达到生理极限时产生畏缩心理,想要放弃。这时,教师能够因势利导,通过前面同学的事例说明他在中长跑技术动作的练习和测试过程中,会不断重复挑战人体极限,因此会感到痛苦、枯燥和劳累。只有不断打磨好基础动作,一次次突破生理极限,发扬坚持不懈的精神,才能在成绩上有所提高。最后,教师通过苏炳添的经历教育学生,只有坚持看似不可能的事情,专注于自己的目标,才能突破自己,突破极限。本次教学比赛,不仅仅是对学生们的意志品质的磨炼,也是对学生的体育精神的培养。在本节课的最后,教师鼓励他们将这种坚持不懈的体育精神带到今后学习、工作和生活中,使其成为同学们人生幸福、事业成功的基石。

三、教学反思

本节课的学习内容是田径课程中 1600 米技能测试。当比赛开始后,学生们有着截然不同的表现,有的学生跌倒后爬起选择继续测试,有同学达到生理极限时产生畏缩心理,想要放弃。针对这种现象,我通过苏炳添的例子向学生表明成功的背后是坚持不懈的努力。坚持不放弃,人将有无限可能。要凭借自己坚持不懈、永不言败的精神向更高更远的目标前进,努力做到最好。让学生明确坚持不懈的重要性,并且希望他们能将这种体育精神带到今后的学习、工作和生活中。本节课同样让我深刻地认识到,体育课程对学生成长的价值不仅仅体现在生理上,更在于对体育精神和观念价值的塑造上。正如告诫同学们的一样:人生很漫长,人生的跑道也不只有 1600 米,以后会遇到更多的挑战。不管怎样,都要保持坚持不懈、永不言败的精神,不忘初心,在人生追梦路上努力奔跑。通过日复一日的付出和努力,方能获得成功。坚持自己所坚持的,终会塑造一个与众不同的自己。

课程思政案例5：田径课身体素质练习

一、课程概述

本节课的学习内容是田径课身体素质练习。

知识目标：提升学生对身体素质重要性的认识，理解定期进行身体素质训练的好处，使学生掌握田径运动中的身体素质练习方法。

能力目标：采用分组合作、情景教学等多种训练方法，通过有针对性的练习，提高学生的力量、耐力、灵敏度和柔韧性等身体素质。

思政目标：通过完成每个任务点，理解任务点的内涵，让学生感受到爱国主义情感，激发学生的民族自豪感和文化自信心。

课程思政教学案例
教师：刘莉
扫码看视频

二、课程思政教学设计

（一）思政元素类型

本节课的课程思政元素为爱国主义精神。爱国主义是中国特色社会主义核心价值观的重要内容之一，也是培养学生爱国情感、民族精神和社会责任感的重要内容。以马克思主义理论和中国特色社会主义理论体系为指导，培养学生正确的世界观、人生观、价值观，提高学生的思想道德素质和文化素养。

（二）课堂教学手段

1. 教学方法

课堂讲授法：通过语言讲解，使学生了解本次课身体素质练习的内容和负荷的安排。

分组练习法:将学生分成小组进行活动,让学生相互合作、互相帮助,在团队中共同完成任务,培养学生的团队合作精神和集体荣誉感。

情境教学法:通过创设情境,让学生在真实的运动场景中进行学习和实践,提高学生的运动技能,更能让学生真切感受爱国主义精神。

2.课程思政融入方式

课程思政融入方式为隐性渗透式。

(三)思政元素内容

本次课的课程内容是身体素质练习,课程思政元素为爱国主义精神。将爱国主义精神融入田径课程的身体素质训练课中,采用定向运动的形式加以呈现,在学生跑动路线中融入爱国主义元素,例如穿插红色文化介绍、先烈的英勇事迹讲解、重要历史节点说明等,在完成路线的过程中既可以提高学生的身体素质,还可以通过团队合作和集体行动,培养学生的团结意识和责任感。最重要的是,让学生切实参与到任务中,接受红色文化的熏陶,了解我国共产党百年奋斗征程,培养学生的爱国主义情感和文化自信心,让学生在运动中感受到爱国主义的力量和魅力。

三、教学反思

在身体素质练习的教学过程中,我深刻认识到将爱国主义精神融入田径课的重要性。通过课程思政的方式,不仅可以培养学生的爱国情感和民族自豪感,还可以帮助他们更好地认识和理解爱国主义。在具体实施过程中,我采取了多种策略和方法,例如增加爱国主义元素、弘扬爱国主义精神、结合红色文化教育、增强文化自信、培养团结意识和责任感以及开展国情教育和时事学习等。这些策略和方法不仅丰富了身体素质练习课的内容,还让学生在锻炼身体的同时,了解了祖国的历史和文化,培养了他们的爱国情感和责任感。在教学过程中,我也遇到了一些问题和挑战。例如,有些学生对于定向运动的技能掌握欠缺,需要教师在课堂上加强讲解和示范。另外,由于学生的身体素质和运动能力存在差异,需要教师根据学生的实际情况制订不同的训练计划和目标。

参考文献

[1] 袁守龙. 大学体育与健康（图解示范＋视频指导）[M]. 2版. 北京：人民邮电出版社，2021.

[2] 文超. 田径运动高级教程[M]. 3版. 北京：人民体育出版社，2013.

[3] 全国青少年运动技能等级标准研制组. 青少年排球运动技能等级标准与测试方法[M]. 北京：科学出版社，2018.

俱乐部荣誉

我校学子在山东省各项比赛中屡获佳绩。在2020年山东省大学生田径锦标赛中，我校学子刘玉凤获得女子200米、女子跳远第三名；王俊鹏获得男子100米第三名；裴婧秀获得女子5000米第四名。在2021年山东省第十六届大学生运动会田径比赛中,我校学子朱帅获得男子铅球第一名。在 2023 年山东省大学生田径锦标赛中,我校学子代玉菲取得女子甲组三级跳第二名。薛鹏、刘莉被评为"优秀教练员"。

山东华宇工学院
体育俱乐部
Sports Club

体育俱乐部2：跆拳道

跆拳道俱乐部简介

跆拳道俱乐部成立于2021年，为我校的体育俱乐部之一，现有学生二百余人，俱乐部旨在普及跆拳道及相关知识，通过课堂教学、课余训练、体育活动、体育赛事四位一体的体育课程教学模式，实现课内外教学一体化，培养学生跆拳道运动兴趣，提高学生身体素质，丰富学生校园文化生活，培养学生礼义廉耻、忍耐克己、百折不屈的跆拳道精神和追求卓越、吃苦耐劳的体育精神。

体育俱乐部2:跆拳道

指导老师简介

刘晓,助教,毕业于聊城大学,硕士研究生,跆拳道黑带二段。2020年8月入职,主要负责跆拳道俱乐部的教学、训练、活动、竞赛工作。

教材信息：《跆拳道》
中国人民大学出版社 ISBN 978-7-3001-5349-0
授课对象：本科各专业
课程类型：通识教育课程
课程性质：必修课程
课程思政建设团队：刘晓

课程思政案例1：横踢腿法

一、课程概述

本节课的学习内容是跆拳道横踢腿法。

知识目标：学习横踢腿法，使学生掌握动作要领与方法，建立相应的动作技术概念。

能力目标：通过跆拳道横踢腿法的练习，提高学生的力量、柔韧等素质。

思政目标：通过横踢动作的练习，培养同学们精益求精、追求卓越的体育精神。

课程思政教学案例
教师：刘晓
扫码看视频

二、课程思政教学设计

（一）思政元素类型

本节课的课程思政元素为体育精神——积极向上、追求卓越。

（二）课堂教学手段

1. 教学方法

课堂讲授法：通过语言讲解横踢腿法的动作要领。

完整示范法:进行完整示范,使学生对动作结构形成初步认识。

预防与纠正动作法:通过讲解易错点及在练习过程中不断纠正学生动作,使学生在不断的动作重复中,精进动作,逐步达到动作标准。

案例教学法:通过引入跆拳道运动员的优秀事迹,激励学生向榜样看齐,提升个人追求,即追求卓越。

2.课程思政融入方式

课程思政融入方式为隐性渗透式。

(三)思政元素内容

本节课的课程思政元素为积极向上、追求卓越的体育精神。在学习跆拳道横踢腿法时,部分同学表现出消极情绪,认为自己已经完全掌握横踢动作,从而消极练习,这类同学对动作技能标准认识不到位,对个人动作学习时设置的目标比较低,从而出现眼高手低的情况。首先,教师在发现此现象后将"更高、更快、更强"追求卓越的体育精神融入课堂教学,使学生在学习中端正态度,精益求精,提高个人技术动作标准。其次,在讲解动作要领时,镶嵌思政元素,要求学生认真掌握每一个动作细节,并嵌入跆拳道奥运冠军赵帅和吴静钰的竞赛事迹,激励学生们向强者看齐,对自己严格要求,提升个人追求。最后,在优生展示时,教师向同学们讲述身边表现优异的同学是如何一步步要求自己,磨炼动作的,并鼓励同学们向榜样学习,把握动作细节,精益求精。

三、教学反思

本节课以学生为中心,通过课堂讲授及预防与纠正错误法,不断对学生所学动作进行规范化要求,通过优生示范,鼓励学生们向榜样看齐,培养学生不畏困难、积极进取的学习习惯,并通过讲述跆拳道运动员赵帅和吴静钰的奥运夺冠历程激发学生敢为人先、追求卓越的进取精神。本节课学生学习态度积极,练习高效,在进行思想教育后,部分同学深刻认识到个人不足,在接下来的练习中表现积极,进取心明显增强。作为一名体育教师,在今后的课堂教学中,要不断激励学生积极进取、追求卓越,并对学生动作质量提出更高标准的要求,使学生不仅在跆拳道技术的掌握上有所提升,也在思想觉悟上更上一层楼。

课程思政案例2:柔韧素质练习

一、课程概述

本节课的内容是跆拳道柔韧素质练习。

知识目标:使学生掌握腿部柔韧练习的方式方法,具备自主进行柔韧练习的能力。

能力目标:提高学生腿部柔韧素质,为后期有一定难度腿法练习奠定基础。

思政目标:通过跆拳道柔韧素质的练习,培养学生吃苦耐劳、顽强拼搏的意志品质。

课程思政教学案例
教师:刘晓
扫码看视频

二、课程思政教学设计

(一)思政元素类型

本节课的课程思政元素为中华民族优秀品质——吃苦耐劳。

(二)课堂教学手段

1. 教学方法

课堂讲授法:通过语言讲解,使同学们掌握正确进行腿部柔韧练习的方式方法。

动作示范法：进行动作示范，使学生掌握正确的拉伸方法。

自主训练法：通过自主练习，培养学生的自我管理能力。

实践教学法：学生在老师的口令下进行拉伸，伴随老师的动作讲解，纠正自己的拉伸姿态，使拉伸动作能够标准地完成。

案例教学法：通过引入抗疫医护人员和奥运选手吃苦耐劳、顽强拼搏的精神品质，激励学生们在生活和学习中不怕苦、不怕累、不畏困难、勇敢拼搏。

2. 课程思政融入方式

课程思政融入方式为隐性渗透式。

(三)思政元素内容

本节课的思政元素为吃苦耐劳的优秀品质。在柔韧素质练习过程中，同学们进行腿部拉伸时有明显的疼痛感，当同学们即将坚持不下去的时候，老师并没有让其停止练习，而是在一旁进行语言鼓励。鼓励同学们坚持下去，不要放弃，再用力一点，再坚持一下。因此在老师的鼓励和学生们自己的不断坚持下，完成了本节课程关于柔韧素质练习的任务，同学们的腿部柔韧性也得到进一步的提高。接着老师及时引入医护人员奋战在一线的吃苦耐劳、顽强抗疫的意志品质，激励同学们在柔韧练习疼痛的时候，课上练习因为太累坚持不下去的时候，要向榜样们学习，告诉自己再坚持一下，胜利就在眼前。用奥运冠军吴静钰因热爱跆拳道而为之付出汗水，由开始吃下训练的苦，到最终品尝到成功的甜的感人夺冠之路做案例，与同学们当下因柔韧拉伸所经历的小痛苦形成对比，激励同学们在生活中要不怕苦，不怕累，勇敢拼搏。

三、教学反思

本节课以学生为中心，教师通过学生在课堂上进行柔韧练习时不断克服身体的疼痛，来培养学生吃苦耐劳的品质，并通过语言激励、心理暗示、案例引入等方式，教导学生"宝剑锋从磨砺出，梅花香自苦寒来""吃得苦中苦，方为人上人"的道理，不断鼓励学生无论是在学习还是生活中都要克服困难,勇敢挑战。作为一名体育教师,在今后的课堂教学中,要着重培养学生吃苦耐劳的品质,并对学生动作质量提出更高标准的要求,使学生在体育课堂中,不仅学会体育知识和技能,还能提升各项身体素质,培养坚毅的思想品质。

课程思政案例3:跆拳道品势技术测试

一、课程概述

本节课的内容是跆拳道品势太极一章测试。

知识目标:通过测试,使学生明确太极一章动作标准,进一步熟练掌握太极一章技术动作。

能力目标:通过测试,提高学生跆拳道品势演练水平。

思政目标:通过阶段性总结,使学生清晰定位自身练习水平,督促自己,持之以恒,不断进步。

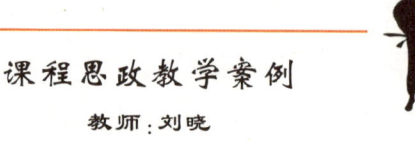

课程思政教学案例
教师:刘晓
扫码看视频

二、课程思政教学设计

(一)思政元素类型

本节课的课程思政元素为学习态度——持之以恒。

(二)课堂教学手段

1. 教学方法

课堂讲授法:通过讲解,使同学们了解跆拳道品势技术演练标准。

自主训练法:通过自主练习,巩固动作,培养学生的自我管理能力。

案例教学法:通过引入抗疫医护人员和奥运选手吃苦耐劳、顽强拼搏的精神品质,激励学生们在生活和学习中不怕苦,不怕累,不畏困难,勇敢拼搏。

2. 课程思政融入方式

课程思政融入方式为隐性渗透式。

(三)思政元素内容

本节课的课程思政元素为持之以恒的学习态度。在对跆拳道品势太极一章进行测试的过程中,发现部分学生没有熟练掌握上课所学内容,甚至还有些同学出现了遗忘,而有些同学整套动作如同行云流水,一气呵成。同一个班级,同样的基础,同学们却表现各异,这一现象与平时学生们的学习态度密不可分。态度积极的同学为自己制订了每天的练习计划,持之以恒,从而劳有所获,习得技能并且提升了自身柔韧素质;态度消极的同学,认为课上已经完全掌握动作,课下练习却不虚心,三天打鱼两天晒网,没有恒心,没有毅力,从而一学期结束,动作一塌糊涂,在身体素质提升方面也收效甚微。通过对班级里出现的对体育技能学习持有截然不同态度的两种学生进行分析,以阶段性测试总结为契机,切入课程思政元素——持之以恒。

向学生讲述司马迁的《史记》、李时珍的《本草纲目》等伟大著作的完成,袁隆平院士用毕生精力去研究杂交水稻。从古至今,中华民族每一项伟大成就的取得都离不开持之以恒的"工匠精神"。引导学生向身边优秀同学看齐,向大国工匠们学习,踏实做事,持之以恒,最终成为生活的强者。

三、教学反思

本节课授课内容为跆拳道品势太极一章测试,在测试中,同学们表现各异,有些同学,疏于平时练习,测试结果不理想,测试中也涌现出一批表现优异的学生,他们严格要求自己,持之以恒,每天坚持练习。

本节课以学生为中心,教师通过学生在测试中的不同表现,以及对班级里出现的对体育技能学习持有截然不同态度的两种学生进行分析,以阶段性测试总结为契机,切入课程思政元素——持之以恒。并进一步将思想升华,教导学生们中华民族每一项伟大成就的取得都离不开持之以恒的"工匠精神",从而引导学生踏实做事,持之以恒。作为一名体育教师,在今后的课堂教学中,要不断培养学生持之以恒的精神,帮助学生克服学习中的困难,以体育人,提高学生思想品质。

课程思政案例4:品势小组赛

一、课程概述

本节课的内容是跆拳道品势小组比赛。

知识目标:通过比赛,使学生明确太极二章动作比赛标准,进一步熟练掌握太极二章技术动作。

能力目标:通过比赛,提高学生跆拳道品势演练水平。

思政目标:通过小组比赛的组内合作与组间竞争,使学生懂得在比赛中团结合作和尊重对手,提高个人体育素养。

二、课程思政教学设计

(一)思政元素类型

本节课的课程思政元素为体育精神——尊重对手。

(二)课堂教学手段

1. 教学方法

课堂讲授法:通过讲解,使同学们了解跆拳道品势团体比赛的竞赛规则。

自主训练法：通过自主练习，巩固动作，培养学生的自我管理能力。

案例教学法：通过引入2019年世界军人运动会上斯里兰卡与中国的乒乓球混双比赛中中国选手尊重对手的大国风范的短视频，教导学生们在比赛及生活中学会尊重他人，提高个人道德修养。

2.课程思政融入方式

课程思政融入方式为隐性渗透式。

(三)思政元素内容

本节课的课程思政元素为尊重对手的体育精神。在跆拳道品势小组比赛中，各组同学表现各异，有的小组动作整齐，一气呵成；有的小组却动作不熟练，气势不足。就在这时班级里出现了不和谐的声音，同学们窃窃私语，对场上表现并不"完美"的同学议论纷纷，因此严重干扰了场上同学的比赛心理，使参赛小组在比赛完垂头丧气，信心不足。这时教师在赛后总结中融入思政元素——尊重对手，对在比赛中窃窃私语议论场上同学的人提出批评，教导同学们在比赛中学会尊重他人。引入2019年世界军人运动会上斯里兰卡与中国的乒乓球混双比赛中，中国选手尊重对手的大国风范的短视频，教导学生们在比赛中胜负固然重要，但更重要的是做一个具有崇高道德修养的人，这才是比赛带给我们比输赢更重要的意义。教导学生们认真体会比赛的意义，尊重对手，尊重规则，以武会友。

三、教学反思

本节课授课内容为跆拳道品势小组比赛，在比赛过程中同学们积极参与，各小组动作水平表现各异，因部分小组平时疏于练习，比赛结果并不理想，因此场下有不少同学窃窃私语，对场上表现不佳的同学议论纷纷，在班内出现了不尊重他人的现象。

教师以学生为中心，以在小组比赛中部分同学不尊重对手的表现为案例，教导学生们在比赛中胜负固然重要，但更重要的是做一个具有崇高道德修养的人，这才是比赛带给我们更重要的意义。引导学生们认真体会比赛的意义，尊重对手，尊重规则，以武会友。作为一名体育教师，在今后的课堂教学中,不仅要教会学生跆拳道运动技能,还要时刻关注学生品德的塑造,把学生教育成为一名德智体美劳全面发展的高素质人才。

参考文献

[1] 刘卫军. 跆拳道 [M]. 北京：高等教育出版社,2004.

[2] 胡小明. 体育美学研究述评 [J]. 体育学刊,2008,15(10)：8.

[3] 赵晓东. 高等艺术院校跆拳道课程思政路径研究 [J]. 中国多媒体与网络教学学报：电子版,2020(13)：56-57.

[4] 李常庆,张新英,李健康. 疫情常态化背景下大学体育课程思政路径研究 [J]. 体育科技文献通报,2020,28(11)：52-53.

俱乐部活动

课堂内,学生们白色整洁的跆拳道服、气势恢宏的发声、师生间谦虚恭敬的跆拳道礼仪及帅气流畅的跆拳道腿法,处处彰显着跆拳道的魅力。课堂外是学生们井然有序的自我练习、精彩纷呈的小组比赛、充满活力的课外活动。跆拳道俱乐部的学生们用实际行动书写青春的活力,展示体育运动的魅力。

体育俱乐部2:跆拳道

山东华宇工学院
体育俱乐部
SPORTS CLUB ///////

体育俱乐部 3：体育舞蹈

体育舞蹈俱乐部简介

　　体育舞蹈俱乐部成立于 2021 年 9 月，旨在普及体育舞蹈及相关知识，培养学生对体育舞蹈运动的兴趣，提高舞蹈水平，培养文明礼仪和社交能力，塑造高雅的气质风度；充分利用我校的场地设施，组织学生积极开展体育活动，丰富我校体育文化生活。

体育俱乐部3:体育舞蹈

指导老师简介

康铭,中共党员,毕业于云南师范大学体育教育训练学专业。国家一级体育舞蹈裁判员,中国体育舞蹈联合会 CDSF 一级教师,曾获第 27 届全国体育舞蹈锦标赛大学生 A 组标准舞冠军、2017 年中国体育舞蹈大奖公开赛 A 组新星标准舞冠军等。多次带领学生参加各级比赛,获得"优秀教练员"称号。2023 年被评为山东华宇工学院"优秀青年教师"。

> 教材信息：《体育舞蹈》
> 高等教育出版社 ISBN 978-7-0403-3529-3
> 授课对象：本科各专业
> 课程类型：通识教育课程
> 课程性质：必修课程
> 课程思政建设团队：康铭

课程思政案例1：恰恰舞方形步动作

一、课程概述

本节课的学习内容是体育舞蹈恰恰舞方形步动作。

知识目标：使学生了解体育舞蹈中恰恰舞方形步的规范动作及发力特点。

能力目标：通过练习，使学生掌握方形步的动作要领，具备基本动作与节奏流畅配合的能力。

思政目标：通过体育舞蹈动作的练习，培养学生积极进取、追求卓越的品质。

课程思政教学案例
教师：康铭
扫码看视频

二、课程思政教学设计

（一）思政元素类型

本节课的课程思政元素为体育精神——积极进取、追求卓越。

(二)课堂教学手段

1.教学方法

课堂讲授法:语言讲解方形步的动作要领及重难点。

完整与分解法:通过完整示范,使学生形成动作框架。分解讲授动作,使学生进一步掌握动作内容。

自主训练法:通过学生自主练习掌握方形步技术动作,培养学生的自我管理能力。

优生展示法:分组练习后引导学生展示成果,树立榜样,不断提高学生动作技能,从而培养追求卓越的品质。

2.课程思政融入方式

课程思政融入方式为隐性渗透式。

(三)思政元素内容

本节课的课程思政元素为积极进取、追求卓越的体育精神,体育不仅是身体运动,还体现出生命存在的价值,其精神正是追求生命的卓越。在自主练习时,学生们积极地自成小组。在课堂练习时,有同学反映动作已经学会了,不需要再练习,而且表示有动作框架即可,之后将这名同学和另一名同学对比示范,通过直观效果对比渗透思政元素。通过讲解舞蹈家杨丽萍模仿孔雀舞甚至关注指甲对舞姿影响的细节和全国体育舞蹈冠军侯垚、庄婷练舞的事例,为学生树立榜样,再着重强调方形步技术动作的重点与难点,之后进行完整与分解动作练习,不断雕琢技术动作,力求做到最好,从而在提高学生体育舞蹈技术水平的同时,培养其积极进取、追求卓越的品质。

三、教学反思

在课堂练习过程中,渗透思政元素,练习基础技术动作时,高标准、严要求,通过分解练习身法脚法,巩固技术内容,力求达到最好标准,培养学生追求卓越的品质。自主练习的过程中,渗透追求卓越的思政元素,学生在自主练习时不偷懒、不懈怠,遇到不会的内容积极向老师或其他同学请教。在优生展示时,渗透积极进取的思政元素,积极向优秀同学看齐,不断提高对自我的要求,提升体育舞蹈技术水平。本节课学生学习态度积极,练习效率高效,虽然有学生在开始练习时存在懈怠现象,但在进行思想教育后,深刻认识到个人不足,在接下来的练习中表现积极,进取心明显增强。在今后的课堂教学中,要根据学生的个性进行有针对性的教育,因材施教,还要不断激励学生积极进取、追求卓越,并对学生动作质量提出更高标准的要求。

课程思政案例2:体育舞蹈礼仪动作

一、课程概述

本节课的学习内容是体育舞蹈礼仪动作。

知识目标:通过学习,使学生了解体育舞蹈礼仪的意义及重要性,能够把礼仪融入舞蹈和生活。

能力目标:通过练习,使学生能够优美地展示体育舞蹈礼仪动作。

思政目标:培养学生良好的气质,养成良好的运动习惯。

课程思政教学案例
教师:康铭
扫码看视频

二、课程思政教学设计

(一)思政元素类型

本节课的课程思政元素为体育精神——养成良好的运动习惯。

(二)课堂教学手段

1. 教学方法

发现式教学法:教师通过创设礼仪文化的情境,使学生在情境中产生切身的体会,按照教师的要求,沉浸式感悟礼仪动作,通过反复的练习,掌握体育舞蹈礼仪的意义和动作要点。

课堂讲授法:语言讲解礼仪动作要领及重、难点。

完整与分解法:通过完整与分解练习,使学生进一步掌握动作内容和礼仪风格特点。

优生展示法:分组练习后引导学生展示成果,树立榜样,使学生不断提升对自我的要求,从而培养良好的气质与习惯。

2. 课程思政融入方式

课程思政融入方式为隐性渗透式。

(三)思政元素内容

本节课的课程思政元素为养成良好的运动习惯。我国著名教育家叶圣陶先生认为教育就是要养成良好习惯。学校体育作为终身体育的基础,运动兴趣和习惯是促进学生自主学习和终身坚持锻炼的前提。在体育课堂上,培养学生良好的运动习惯,对提高课堂教学效果,培养学生终身体育能力,促进学生身心健康发展有着重要的意义。本节课在分组练习后,引导学生进行自我展示,通过有无礼仪动作的组合展示,凸显礼仪动作在舞蹈中的重要性和体育精神的体现。拉丁舞礼仪是体育精神的体现,是绅士优雅的风范象征,舞者进行礼貌的行礼代表对舞蹈、观众及自身的尊重。讲授过程中引入中国自古为礼仪之邦和孔子名言"不学礼,无以立"的概念,在学生内心树立礼仪意识。通过恰恰舞组合结合礼仪动作练习,巩固技术内容,形成肌肉记忆,培养学生良好的运动习惯。通过小组交流,不仅提高了体育舞蹈技术水平,也有助于学生养成良好的运动习惯。

三、教学反思

本节课以学生为中心,在教学组织形式方面具备多样性特点,在观看示范动作时围坐成圆,全方位了解其他同学的动作姿态。练习内容具有针对性,但应丰富一些,从而激发学生的练习兴趣。分组练习后,引导学生进行自我展示,通过有无礼仪动作的组合展示,渗透思政元素。虽然有同学认为礼仪动作不重要,但通过课堂讲授法,引入中国自古为礼仪之邦和孔子名言"不学礼,无以立"的概念后,在学生内心树立礼仪意识。同学们在接下来的练习中表现积极,进取心明显增强。通过小组交流,不仅提高了体育舞蹈技术水平,也有助于学生养成良好的运动习惯。在今后的课堂教学过程中,要多结合生活中形象生动的例子,有助于学生更好地理解技术内容,使学生不仅在体育舞蹈技术上有所提高,也使学生在思想上得到进步。

课程思政案例3:摩登舞元素练习

一、课程概述

本节课的学习内容是摩登舞元素练习。

知识目标:通过学习,使学生了解摩登舞基本规范,能够运用体育舞蹈运动的基本方法和技能进行日常锻炼,养成终身体育锻炼的习惯。

能力目标:通过练习,使学生能够配合音乐流畅地完成升降、出脚、转换重心等元素动作。

思政目标:通过脚法、身法细节的练习,培养学生吃苦耐劳、坚持不懈的精神。

课程思政教学案例
教师:康铭
扫码看视频

二、课程思政教学设计

(一)思政元素类型

本节课的课程思政元素为中华民族优秀品质——吃苦耐劳。

(二)课堂教学手段

1. 教学方法

发现式教学法:教师通过创设如何将身法元素融入基本动作问题的情境,使学生在情境中产生疑难和矛盾,按照教师的要求,带着问题去探索,通过反复的练习,掌握摩登舞动作技术的原理及方法。

完整与分解法:通过完整与分解动作练习,使学生掌握动作正确发力方式与舞姿舞态。

榜样激励法:通过树立正能量榜样,引导学生"见贤思齐焉",使学生在榜样行为模仿学习上强化自身学习状态。

案例教学法:通过引入奥运选手全红婵吃苦耐劳、顽强拼搏的案例,激励学生在学习和生活中不轻言放弃,坚持不懈。

2. 课程思政融入方式

课程思政融入方式为隐性渗透式。

(三)思政元素内容

本节课的课程思政元素为吃苦耐劳的优秀品质。体育舞蹈注重美的感觉和动作的表达,练习摩登舞专项元素基本功是为了更好地巩固基础,在舞蹈过程中有更立体的身体框架空间,在组合动作展示时更准确、更到位。摩登舞基本功在练习时需要重复单一的动作,所以较为枯燥,且对于踝关节及腿部肌肉要求高,需要坚持不懈地练习才能熟练掌握。同学们在练习时腿部肌肉不停颤抖也还在坚持,即使踝关节力量不足,大汗淋漓,也都咬牙坚持控制舞姿舞态,完成了本节课的练习任务,技术动作水平得到了提高。接着教师引入奥运选手全红婵在训练场上从不偷懒,再苦再累也保质保量完成训练最后取得成功的案例,激励学生在学习和生活中也要发扬吃苦耐劳的优良品质。"宝剑锋从磨砺出,梅花香自苦寒来",只要耐得住枯燥,吃得了苦,在挫折面前不低头,终有一天会取得成功。

三、教学反思

本节课授课内容为摩登舞元素练习,通过发现式教学,使学生在基本功与技术动作的情境中产生疑难和矛盾,通过反复练习,掌握摩登舞基本元素。在练习过程中引导学生了解基本功的重要性,想要取得冠军,第一是基本功,第二是基本功,第三还是基本功。发现学生在练习时的闪光点,即使腿部肌肉一直在颤抖、立踝关节动作不稳定,也都咬牙坚持。有的同学即使舞鞋磨损严重、腿部受伤也都坚持练习,正是通过平时的刻苦练习,才能做到重心稳定、动作干净。通过案例教学法向学生分享奥运选手全红婵的故事,教导学生"未经一番寒彻骨,哪得梅花扑鼻香"的道理,万丈高楼平地起,没有坚实的基本功,就不能完美地体现舞蹈的优美,并且激励学生不论在学习还是生活中都要勇敢面对困难与挫折。作为一名教师,在今后的课堂教学中,不仅要对学生的动作质量提出要求,更要培养学生吃苦耐劳、坚持不懈的意志品质,使学生在掌握运动技能的同时不忘中华民族的优秀品质。

课程思政案例4:维也纳华尔兹舞教学比赛

一、课程概述

本节课的学习内容是维也纳华尔兹舞教学比赛。

知识目标:使学生明确摩登队列舞的配合方式,了解摩登队列舞的常用知识。

能力目标:通过教学比赛,掌握摩登队列舞比赛的内容及形式,学生能够积极展示自我,从而顺利完成比赛。

思政目标:提高对体育舞蹈运动美的认知,激发学生主动学习与合作学习的积极性,使学生学会学习,掌握学习方法,学生的创新意识和合作能力得到提高。

课程思政教学案例
教师:康铭
扫码看视频

二、课程思政教学设计

(一)思政元素类型

本节课的课程思政元素为中华民族的传统美德——团结合作。

(二)课堂教学手段

1. 教学方法

比赛交流法:通过教学比赛,提高学生维也纳华尔兹舞技术的掌握程度,培养合作意识与良好的竞赛能力。

合作学习教学法:以学生为主体,通过学生的自主学习和自主合作探究来实现。教师发挥组织和引导的作用,通过创设情境,有效地引导学生或小组发现问题、分析问题、解决问题。学生在整个课堂学习过程中能够通过自己的努力学习体验到获得成功的喜悦,并熟练掌握体育舞蹈技能,体会到运动的快乐,提高学习兴趣。

案例教学法:通过引入奥运选手韩聪、隋文静互相鼓励支持的案例,激励学生在学习和生活中发扬团结合作的精神。

2. 课程思政融入方式

课程思政融入方式为隐性渗透式。

(三)思政元素内容

本节课的课程思政元素为团结合作的传统美德。通过教学比赛的方式进行授课,在编排练习的过程中,发现很多小组都有互相帮助的良好氛围,有小组长带练的形式,也有讨论交流动作内容的形式。但有个别小组出现了分歧,组员认为自身实力较强应站在队伍前列,组长与其争论致使矛盾产生。针对这一现象,教师集合学生,向同学们讲明"团结就是力量""一根筷子易折断,十根筷子抱成团"的道理,并引入北京冬奥会花样滑冰冠军选手韩聪、隋文静的案例,启发学生只有团结一致、共同探讨、互相支持才能共同进步。经过教师的引导,出现分歧的同学互相道歉,并开始享受合作的过程,最终顺利完成了维也纳华尔兹舞的教学比赛展示。

三、教学反思

本节课授课内容为维也纳华尔兹舞教学比赛,主要采用合作学习教学法,通过课堂中分组合作学习及组间比赛交流评价,提高学生掌握体育舞蹈技能的能力,培养学生的合作能力,增强学生的自信心,激发学生的学习兴趣,进而提高学生学习的积极性。在分组合作编排练习环节,教师首先在活动前根据本次课的教学目标和内容,合理布置目标和任务,使每个小组及每个学生在小组活动前能够有明确的目标和良好的学习动机,学生能够带着目标和任务进行合作小组活动。有的小组在组内成员掌握动作要领后,组长能够有序地组织成员进行练习,有的小组可以在组间进行动作要领的讨论,充分发挥群体学习中同伴之间资源共享的优势,组内成员能够及时发现同伴的问题,并提出改进的意见和建议。但个别小组出现了分歧,教师通过北京冬奥会花样滑冰冠军选手韩聪、隋文静互相扶持的案例启发学生,最终矛盾得到了化解,出现分歧的小组互相道歉,最后每个小组都顺利完成了舞蹈的编排,小组成员为了集体的荣誉,克服自己的不足,互相帮助,互相鼓励,为共同的目标而努力。队列舞的组间竞争对每个学生来讲都具有更高的挑战性和创造性,小组成员在获得鼓舞后,能够融入大集体审查自己,及时发现自己的不足,进而努力改正,从而进一步促进体育舞蹈技能的熟练掌握。

参 考 文 献

[1] 马春燕,雷耀方. 大学体育(AR+慕课版)[M]. 北京:人民邮电出版社,2017.

[2] 国家体育总局职业技能鉴定指导中心. 体育舞蹈[M]. 北京:高等教育出版社,2012.

[3] 王华,关磊,王永刚. 体育舞蹈[M]. 北京:北京师范大学出版社,2015.

体育俱乐部 3：体育舞蹈

俱乐部荣誉

体育舞蹈课程获批山东华宇工学院 2022 年春季学期线上教学典型教学案例二等奖；俱乐部指导教师在基础教学部第八届青年教师教学比赛中获一等奖，在首届教学设计比赛中获二等奖；我校学生在山东省学生活力健康大赛等各级比赛中共获得一等奖五项、二等奖两项、三等奖四项的成绩。

体育俱乐部 4：啦啦操

啦啦操俱乐部简介

　　啦啦操俱乐部成立于 2020 年，现有学生约 240 人，高水平队员 37 人。俱乐部旨在普及啦啦操相关知识，提高身体的协调性、柔韧性等身体素质。培养学生在音乐伴奏下，用跳舞的方式释放身体，缓解学习的压力，展现个人风采，培养团队意识和拼搏意识。

指导老师简介

桑晓燕,硕士研究生,毕业于聊城大学体育学院体育教学专业,主要负责啦啦操俱乐部的教学、训练、活动、竞赛工作,并负责啦啦操社团各类比赛和活动,舞蹈啦啦操一级教练员、裁判员。主持横向课题一项、参与市厅级课题一项。

刘冉,硕士研究生,毕业于山东师范大学体育学院体育教学专业,主要负责啦啦操俱乐部的教学、训练、活动、竞赛工作。啦啦操二级教练员、裁判员。

> 教材信息：《啦啦操运动》
> 高等教育出版社 ISBN 978-7-0405-7096-0
> 授课对象：本科各专业
> 课程类型：通识教育课程
> 课程性质：必修课程
> 课程思政建设团队：桑晓燕、刘冉

课程思政案例 1：柔韧性练习

一、课程概述

本节课的学习内容是腿部柔韧性拉伸。

知识目标：使学生了解腿部拉伸的好处，掌握腿部柔韧性拉伸的方式方法。

能力目标：通过对腿部柔韧性拉伸的练习，使学生达到课堂教学对柔韧素质的要求。

思政目标：通过腿部的柔韧性拉伸练习，培养学生不畏吃苦的精神以及坚持不懈的意志品质。

课程思政教学案例
教师：桑晓燕
扫码看视频

二、课程思政教学设计

（一）思政元素类型

本节课的课程思政元素为吃苦耐劳，要培养学生坚持不懈、吃苦耐劳的意志品质。

(二)课堂教学手段

1. 教学方法

课堂讲授法:讲解腿部拉伸的方法、原则和要求。

分解示范法:进行分解示范,使学生在脑海中形成正确的拉伸要领和顺序。

自主训练法:通过自主练习,培养学生的自我管理能力。

实践教学法:师生边讲边做,学生纠正自己的拉伸姿态,使动作可以尽量标准。

练习法:通过分小组练习,一人喊节奏,其余人做动作,互相纠正,互相进步。

2. 课程思政融入方式

课程思政融入方式为隐性渗透式。

(三)思政元素内容

本节课的课程思政元素为吃苦耐劳。在腿部柔韧性拉伸过程中,大腿后侧会有疼痛感,这其实是一个正常现象,要先从心理上降低学生的紧张感,告诉学生拉伸的好处。首先拉伸可以改善腿形,使身体形态更优美;其次拉伸可以保护骨骼肌肉,有效预防伤病。教育学生拉伸练习时要意志坚强,持之以恒。进行腿部柔韧性练习,的确枯燥乏味,尤其是练到一定程度,还会有腿、髋部酸痛的感觉,这是练习者出现的类似长跑运动员一样的"疲劳期",此时最重要的是自己要有坚强的意志,有苦恒之心,不可停歇。因腿功柔韧素质与腿功其他素质比较起来,容易发展,也容易消退。此时应善于自我调整,适当减轻下压力度、幅度,减少压腿时间,或是进行踢腿练习。只要坚持下去,酸痛的感觉会逐渐消失,那时你会为自己取得的成绩而骄傲。

三、教学反思

在拉伸练习过程中,学生之前没有接触过腿部柔韧拉伸,所以对疼痛的忍受程度较弱,稍有疼痛就容易放弃。这需要老师进行心理抚慰,用语言鼓励学生坚持不懈,如果老师进行强制压腿,学生会留下心理阴影,也会有抵触心理。本节课学生在感到疼痛后选择了放弃,老师讲述我们现在之所以有如此好的环境,感到幸福和安全,是革命先辈们流血流汗换来的,使学生受教育的同时充满力量。通过此讲解激励学生坚持不懈,培养吃苦耐劳的精神,是今后课堂上值得延续的教学方法。

课程思政案例2:舞蹈啦啦操编排的基本规则

一、课程概述

本节课的学习内容是啦啦操运动队形变换的基本原则。

知识目标: 使学生建立相应的队形变换的概念,了解队形编排的对称性、空间层次变换、节奏变化这三个基本原则。

能力目标: 通过对所学动作的变形及队形变换,培养编排动作和队形的能力。

思政目标: 通过小组对所编队形的展示,培养同学们团结合作、相互帮助的体育精神,让同学们养成善于进行头脑风暴、勇于创新的好习惯。

课程思政教学案例
教师:桑晓燕
扫码看视频

二、课程思政教学设计

(一)思政元素类型

本节课的课程思政元素为团结合作,培养学生的集体主义意识。通过本节课的练习,使学生体会到体育的目的不仅在于竞技,更重要的是锤炼意志,是集体主义、爱国主义精神的培养。啦啦操项目作为一个团体项目,更能体现出集体主义意识,为我校培养德智体美劳全面发展的应用型人才贡献一分力量。

(二)课堂教学手段

1. 教学方法

课堂讲授法:通过讲解,使学生了解啦啦操队形变换的基本原则和方法。

分解示范法:进行分解示范,使学生建立队形变换的动作表象和概念。

自主训练法:通过自主练习,培养学生的自我管理能力,能够自主进行小组组合,学会沟通与合作。

案例法:通过讲解我国雷神山、火神山两座医院的建成,使同学们体会我国人民团结起来做大事的中国力量,了解团结合作的重要意义。

练习法:通过分小组练习,让小组成员进行头脑风暴,相互沟通交流自己的想法,小组成员们共同利用所学动作进行创编,作为一个团体共同创作作品。

2. 课程思政融入方式

课程思政融入方式为隐性渗透式。

(三)思政元素内容

本节课的课程思政元素为团队合作。在花球啦啦操的队形变化与动作创编过程中,以小组合作的方式让学生们自主练习,学会沟通,培养集体主义意识,使学生在学习动作技能的同时,也提高自己的语言表达能力,感悟团队合作的意义。在小组配合练习时,渗透思政元素,大家作为一个小组进行练习,要时刻注意小组成员动作,在动作的一致性和队形的整齐性上配合默契,要有集体主义意识。大家只有心往一处想,劲往一处使才能使整个队伍积极向上,就像我国的啦啦操运动员,在国际比赛中名列前茅,就是因为她们比赛前会将动作录成视频一帧一帧进行播放,有不整齐的地方就要大家重新跳,不断磨合,不能因为自己的失误使团队停滞不前,大家都有集体意识,努力使自己做到完美,所以集体才会取得好成绩。在自主练习的过程中,学生们进行沟通交流,互相帮助,充满和谐与关爱。

三、教学反思

本节课让学生做课堂的主人,进行自主练习,学生们都积极地自成小组进行练习,不仅提高了学生的表达能力,也培养了学生的集体主义精神。在小组练习时,难免会有不同的思想去碰撞,这就需要老师进行心理上的辅导,使学生进行充分沟通交流,让不同的意见变成优秀的创意。本节课教学方法多样,可以使学生快速融入课堂,在练习动作过程中配合音乐伴奏,课堂氛围会更好。本节课学生的学习兴趣高涨,在今后的课堂教学过程中,多给学生留时间和空间去创造,要充分信任学生。

课程思政案例3:舞蹈啦啦操教学比赛

一、课程概述

本节课的内容为教学比赛:学生自成小组进行队形的编排和动作的创新,引导学生自信地展示自己。

知识目标:通过啦啦操比赛,可以巩固所学动作,同学们可以感受比赛热烈的氛围,感受啦啦操运动的魅力。

能力目标:通过教学比赛,培养学生自信心,从比赛动作到队形变化,从服装搭配和妆容发型,到动作与音乐的契合,培养学生自主创新的能力。

思政目标:通过教学比赛,发扬学生团结合作的精神,培养学生勇于表达和沟通的能力,通过优秀小组成员总结,使学生铭记养成良好运动习惯的意义。

课程思政教学案例
教师:桑晓燕
扫码看视频

二、课程思政教学设计

(一)思政元素类型

本节课的课程思政元素为养成良好的运动习惯及培养创新精神。

(二)课堂教学手段

1. 教学方法

体验学习法:以小组为单位,鼓励和引导学生进行所学动作的创新和改编,将课堂时间和空间留给学生,学生们做动作的主人,而不是因为动作而去完成动作。在这个特定情境中,学生全身心地投入,体验啦啦操动作的乐趣。

分解示范法:进行动作分解示范,使学生建立现场比赛动作的技巧和面部表情管理概念。

自主训练法:通过自主练习,培养学生的自我管理能力,自主进行动作练习,为了集体荣誉,小组进行配合使动作规范。

2. 课程思政融入方式

课程思政融入方式为隐性渗透式。

(三)思政元素内容

本节课的课程思政元素为养成良好的运动习惯及培养创新精神。通过教学比赛,可以看到有小组将竖叉这个难度动作融入,有小组动作舒展有力、队形丰富创新。最终同学们总结融入竖叉是因为和舍友每晚都有腿部柔韧拉伸的习惯,柔韧性越来越好;动作舒展有力是因为在练习动作之前,进行了充分的热身、而养成练习之前进行热身、练习之后进行拉伸的好习惯,可以避免练习过程中受伤,也可以放松肌肉,改善体形。有的小组会跟随学习通APP的编排动作教学视频进行学习,寻找适合自己小组的队形。就是因为小组内同学们的良好运动习惯,才使整个小组脱颖而出。根据科学家的研究,一个好习惯的养成为21天,90天的重复会形成稳定的习惯。自律即自由,习惯决定思想,思想决定行为。我们每一个人其实每天都在被习惯所支配,习惯早起,习惯跑步,习惯赖床,等等。好的习惯能够成就一个人,坏的习惯能够摧毁一个人,希望同学们可以养成良好的生活和工作习惯。

三、教学反思

本节课教学比赛其实更考验表演者的心理素质和临场表现的能力,可以更好地锻炼学生和快速提升学生素质。通过本节课的教学比赛,可以看出学生们对于本套动作的掌握已经达到了教学要求,将课堂给予学生,教师引导学生去创造,学生们的表现是超乎老师预料的。今后还是要多组织学生,多倾听学生的心声,让学生去发现,去创新。

课程思政案例4:爵士啦啦操教学比赛

一、课程概述

本节课的教学内容为教学比赛。

知识目标:通过教学比赛,引导学生在脑海中形成正确的动作结构和动作轨迹,学生可以协调地高质量完成动作,并且自主在音乐伴奏下熟练完成成套动作。

能力目标:通过教学比赛,学生在比赛的气氛下进行自我总结啦啦操动作的特点,只有将啦啦操动作快速到位、干净利索、重心降低的特点用肢体表达出来,那么比赛时才更精彩和更具有观赏性。同时通过教学比赛培养了学生的表现力和临场应变能力。

思政目标:通过以小组为单位的教学比赛,发展学生的组织能力和沟通能力,啦啦操运动是以集体荣誉为主的运动项目,通过教学比赛,进一步深化学生的集体主义意识,使学生做到相互尊重,相互帮助。

课程思政教学案例
教师：桑晓燕
扫码看视频

二、课程思政教学设计

(一)思政元素类型

本节课的课程思政元素为尊重对手。

(二)课堂教学手段

1. 教学方法

课堂讲授法：通过讲解成套动作，使学生规范动作与音乐的切入点。

分解示范法：进行分解示范，使学生在脑海中形成正确的动作结构。

自主训练法：通过小组练习，让学生自主练习，培养学生的自我管理能力。

实践教学法：学生在教师的组织下抽签决定出场顺序，进行教学比赛。

2. 课程思政融入方式

课程思政融入方式为隐性渗透式。

(三)思政元素内容

本节课的课程思政元素为尊重对手，同学们以小组为单位按照抽签顺序进行比赛。啦啦操俱乐部内部比赛的目的，是以赛代练，以赛促练，以赛会友。希望同学们通过本次比赛，可以认识到自己对于本学期成套动作的掌握程度，进行查缺补漏，利用课外活动时间继续提高自己的技术。在比赛过程中，难免会因为紧张出现失误，引导学生做一下换位思考，当你站在舞台上因为紧张忘记动作，你希望台下的人给你鼓掌获得力量还是发出不雅的声音让你更加慌乱，我们对于对手的尊重，就是对自己的尊重。要以友谊第一、比赛第二的态度积极投入比赛，在很多时候对于对手的尊重往往比比赛获得胜利更让人肃然起敬。那么在比赛中，做到尊重对手，尊重裁判，结交有共同爱好的朋友，在生活中，尊重同学，尊重老师，尊重长辈，步入社会后，想要被人尊重，那么就要先尊重别人。

三、教学反思

通过此次教学比赛，可以很好地了解学生对本次成套动作的掌握程度，也会出现在练习过程中表现很好的学生却在比赛中忘动作的现象，分析这类同学，一是因为紧张，二是动作没有经过量变，没有形成肌肉记忆。针对在比赛过程中出现失误的现象，我会在今后比赛前组织每个小组进行互相加油或组织小游戏，缓解比赛紧张的情绪。重点强调要充分利用课外活动时间，巩固课堂所学动作。

课程思政案例5：花球啦啦操成套动作

一、课程概述

本节课的学习内容是啦啦操成套动作的学习与复习。

知识目标：使学生了解花球啦啦操成套的规范动作及发力特点。

能力目标：通过练习，使学生掌握啦啦操成套的动作要领，具备基本动作与节奏流畅配合的能力。

思政目标：通过小组形式的练习，培养同学们团结协作、互帮互助的体育精神。

课程思政教学案例
教师：刘冉
扫码看视频

二、课程思政教学设计

(一)思政元素类型

本节课的课程思政元素为团结合作,培养学生的集体主义意识。通过本节课的练习,使学生体会到啦啦操的学习不仅在于个人,更重要的是集体意识与团队精神。啦啦操项目作为一个团体项目,更能体现出集体主义意识,为我校培养德智体美劳全面发展的应用型人才目标贡献一分力量。

(二)课堂教学手段

1. 教学方法

课堂讲授法:讲解啦啦操成套动作的要领和重点。

自主训练法:通过自主练习,培养学生的自我管理能力,自主进行小组练习,学会沟通与合作。

练习法:通过小组练习,对已学内容进行消化吸收。

2. 课程思政融入方式

课程思政融入方式为隐性渗透式。

(三)思政元素内容

本节课的课程思政元素为团结合作,培养学生的集体主义意识。在花球啦啦操成套动作的学习过程中,通过分组练习的方式让同学们进行自主练习,促进学生们学会沟通、培养团结合作的集体主义意识,在学习技能的同时感悟团队合作的意义。学生在基本掌握动作顺序后,仍存在动作模糊、节奏不准确等问题。在要求学生们进行分组练习时,其中一组的学生态度散漫、行动力差,而另一组学生由一名同学牵头,带领全组成员自觉地喊八拍进行有组织、有纪律的练习。之后将两组同学进行对比示范,通过直观效果的对比来渗透思政元素。啦啦操项目本就是一项集体运动项目,每名队员都是重要的一分子,同学有不会的地方一起磨合、一起锻炼,互相促进、互相进步,最终呈现的不仅是整个团队的最好面貌,也是个人的最好面貌。就如同好的足球队伍，能取得胜利也一定是因为整体的实力高、团队协作好，一个人的力量是非常有限的。就如同在 2022 年卡塔尔世界杯 1/4 决赛葡萄牙对阵摩洛哥的比赛中，纵使葡萄牙队伍中有 C 罗，但缺少相互的配合与共进的意识，也没能发挥出 C 罗的价值，因此 0－1 不敌摩洛哥，遗憾遭淘汰。所以在啦啦操项目中也要注意团队的协作精神和互助意识，在自主练习过程中，学生们要进行沟通和交流，体现互帮互助的团结精神。

三、教学反思

本节课让学生做课堂的主人，进行自主分组练习。在小组练习时，难免会出现行动力低、懒得练、只关心自己不关心同学的情况发生。作为教师，应对学生及时进行心理上的引导，强调团队力量的重要性，鼓励学生发扬啦啦操的团队精神，激发学生的学习兴趣。在今后的课堂教学过程中，应注意时刻与啦啦操项目本身特质相扣，以体育精神渲染课堂气氛，使学生养成积极的运动心理和团结的协作精神。

参考文献

[1] 马春燕,雷耀方. 大学体育（AR＋慕课版）[M]. 北京：人民邮电出版社,2017.

[2] 马鸿韬. 啦啦操运动 [M]. 2 版. 北京：高等教育出版社,2017.

[3] 刘思奥. 基于空间视角下舞蹈啦啦操编排的研究 [D]. 武汉：武汉体育学院,2018.

[4] 袁守龙. 大学体育与健康（图解示范＋视频指导）[M]. 2 版. 北京：人民邮电出版社,2021.

[5] 李萍,周杨. 高校啦啦操"课程思政"：紧迫性、特色优势与实践路向 [J]. 广州体育学院学报,2021(06)：115-118.

俱乐部风采与荣誉

啦啦操俱乐部学生在2020年山东省啦啦操冠军赛中荣获集体花球啦啦操第一名、集体爵士啦啦操第一名。在2022年山东省第十二届全民健身运动会中荣获双人街舞、集体花球第一名,集体爵士第二名的好成绩。在2022年山东省大学生青春活力大赛中荣获双人街舞、集体爵士第一名,集体花球第二名的好成绩。

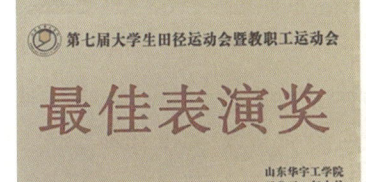

山东华宇工学院
体育俱乐部
□ SPORTS CLUB ///////

体育俱乐部 5：健美操

健美操俱乐部简介

　　健美操俱乐部成立于 2020 年，是我校成立最早的俱乐部之一，有充足的教学训练场所。俱乐部现有指导教师 2 名，成员 600 余人，高水平训练队队员 18 人。俱乐部旨在普及健美操相关知识，培养学生对健美操运动的兴趣，提高健美操水平。充分利用我校的场地设施，组织学生积极开展体育活动，丰富我校体育文化生活，经常带领学生参加校内外各种比赛，开阔学生视野。指导教师利用课余时间为俱乐部成员和高水平训练队队员提供专业的指导与训练，同时也为全校热爱健美操的师生提供交流的平台，为我校健美操运动的发展贡献一分力量。

指导老师简介

韩珂，讲师，硕士研究生，健美操高级教练员，从事健美操俱乐部的教学、训练、活动、竞赛等工作。积极参加部门组织的各项比赛，获得基础教学部说课比赛一等奖、青年教师比赛二等奖等多项荣誉。

朱雯琪，助教，硕士研究生，毕业于沈阳体育学院体育教学专业。多次参加国家级、省级健美操、啦啦操、街舞等项目比赛，并取得优异成绩。现就职于山东华宇工学院基础教学部，主要负责健美操俱乐部的教学及训练工作。

教材信息：《大学体育（AR＋慕课版）》
人民邮电出版社 ISBN 987-7-11154-5226-9
授课对象：本科各专业
课程类型：通识教育课程
课程性质：必修课程
课程思政建设团队：韩珂、朱雯琪

课程思政案例1：大众锻炼标准一级操化一动作编排

一、课程概述

本节课的学习内容是健美操课程中大众锻炼标准一级操化一动作编排。

知识目标：学生了解大众一级健美操的整体动作及动作编排的要点，掌握操化一正方向的动作及编排。

能力目标：通过对大众锻炼标准一级操化一动作的编排，培养学生自主创新、自我学习的能力。

思政目标：通过小组编排、集体展示，培养学生互帮互助、团队合作的精神。

二、课程思政教学设计

(一)思政元素类型

本节课的课程思政元素为中华民族的传统美德——团结合作。

(二)课堂教学手段

1. 教学方法

课堂讲授法:讲解操化一动作的重、难点和动作编排的要点。

完整示范法:进行操化一完整示范,使学生在脑海中形成完整动作框架。

自主训练法:通过学生自主练习,小组合作,培养学生互帮互助、团结合作的友好氛围。

比赛交流法:通过小组间的比赛,培养学生的竞争意识,使小组之间互相学习,共同进步。

2. 课程思政融入方式

课程思政融入方式为隐性渗透式。

(三)思政元素内容

1. 本节课的课程思政元素为中华民族的传统美德——团结合作。在进行大众锻炼标准一级第一段动作编排过程中,将团结合作融入课堂教学中,使学生在学习运动技能的同时,能够磨炼自己的意志,培养团结合作的精神。

2. 在进行动作编排练习过程中,教师发现大部分小组都是互相激励、互帮互助的友好合作氛围。有一个小组内出现了组长和组员的分歧,组长的一言堂导致了组员的不满意,致使小组练习无法进行下去。针对这一现象,教师集合所有学生,向同学们讲明健美操是团体竞技类的运动项目,单靠个人的技术不能带动团体的进步,在生活与学习中只有大家团结一致,共同探讨,共同练习,才能进步,才能达到更高的水平。经过教师的引导,出现分歧的小组中两位同学互相道歉,并继续开始练习,在集体练习后,分小组进行展示,在展示过程中,每个小组配合都非常默契,顺利完成了大众锻炼标准一级操化一动作编排。

三、教学反思

本节课的学习内容是大众锻炼标准一级操化一动作编排。在动作练习时,学生积极认真,对不熟悉的动作积极向小组内同学请教,在进行分组编排的过程中,学生学习兴趣高涨,积极性高,个别小组出现的矛盾也通过教师思政教育积极化解,最后每个小组都按要求完成了操化一动作编排。

本节课能够完全体现团队合作的重要性,集体展示项目只有大家动作整齐划一才能将动作效果表现得淋漓尽致,一位同学的好与坏并不能代表整个小组的水平,因此在这个过程中让同学们明白团结一致、互帮互助的集体主义精神重要性是非常必要的。在今后的课堂教学过程中,多给学生留时间和空间去创造,多培养学生自我教育、自我服务、自我管理的意识。

课程思政案例2:大众锻炼标准一级操化一正方向动作

一、课程概述

本节课的学习内容是健美操课程中大众锻炼标准一级操化一正方向动作。

知识目标:学生能熟练掌握操化一正方向的动作,了解该段动作的重点、难点。

能力目标:通过对操化一正方向动作的学习,了解动作的发力特点,体会干脆利落的手臂、脚步动作,提高动作品质。

思政目标：通过集体练习和个人展示，找出自身存在的不足并加以练习改正，进而培养学生追求卓越、不断进步的意志品质。

课程思政教学案例
教师：韩珂
扫码看视频

二、课程思政教学设计

(一)思政元素类型

本节课的课程思政元素为体育精神——追求卓越。

(二)课堂教学手段

1.教学方法

课堂讲授法：讲解操化一正方向动作的衔接点和重、难点。

完整示范法：进行完整示范，使学生在脑海中形成完整动作框架。

自主训练法：通过学生自主练习，小组合作，培养学生的自我教育、自我服务、自我管理的能力。

比赛交流法：通过小组间的比赛，培养学生的竞争意识，使小组之间互相学习，互相进步。

2.课程思政融入方式

课程思政融入方式为隐性渗透式。

(三)思政元素内容

1. 本节课的课程思政元素为体育精神——追求卓越。在进行大众锻炼标准一级操化一正方向动作教学过程中，将时代精神赋予的责任感和使命感——追求卓越融入课堂教学中，使学生在学习运动技能的同时，磨炼自己的意志。

2. 在进行动作教学后，学生自主进行练习，教师发现有些学生的动作干净利落，有弹性，有些学生的动作绵软无力，没有律动。针对这一现象，教师及时叫停练习,选取了两名同学进行展示,让大家评判哪一位同学的动作比较好并说出理由,大家异口同声地指出第一位同学做得比较好,动作引人入胜。教师指出两位同学在动作方面都没有出现错误,但明显感觉第一位同学更好,引出在学习健美操的过程中学会是基础,不光要学会,还要学好、学精,要让动作做得完美,不断地追求进步,追求卓越,在动作练习的过程中,不断地打磨一个动作,抠细节,找错误,反复斟酌,在这个过程中可能会感到枯燥无味。要让学生明白学会只是停留在表面,只有在学会的基础上,一遍遍练习,一个动作一个动作地研磨,才能达到更好的效果。只有经历了过程中的痛苦,才能有更高品质的展示。

3.让学生进行分解强化练习,定位定点,形成肌肉记忆,最后要求大家以分解动作的质量和规格进行练习,在练习过程中进行纠正和指导,最后进行集体展示。

三、教学反思

本节课的学习内容是大众锻炼标准一级操化一正方向动作。在进行完动作教学后,学生进行练习,有些学生的动作干脆利落,有些同学的动作绵软无力,通过对两名学生动作的对比,使学生明确自身问题。定位定点,抠动作细节,在练习过程中发现同学们对待健美操学习更加认真,更加细致,也提醒了我,学生的潜力是无限的,要善于发现学生身上的闪光点,加以利用,使其提升自信,提高兴趣,培养学生向更好的方向发展。

课程思政案例3:健美操音乐创编

一、课程概述

本节课的学习内容是健美操音乐创编。

知识目标:使学生了解音乐在健美操成套动作中的重要性,体会不同的音乐风格给健美操带来的不同效果。

能力目标：通过对健美操大众三级成套动作进行音乐创编，培养学生自主创编的能力，提高学生自我创新的意识。

思政目标：通过音乐创编，提高学生识别音乐、运用音乐的能力，通过了解民族音乐，弘扬中华优秀传统文化，培养爱国主义情怀。

课程思政教学案例
教师：韩珂
扫码看视频

二、课程思政教学设计

（一）思政元素类型

本节课的课程思政元素为爱国主义。

（二）课堂教学手段

1. 教学方法

课堂讲授法：讲解音乐在健美操成套动作中的重要性。

情境对比法：通过不同音乐在相同操化动作情境中的对比，体会不同音乐带来的心境体会，在以后的创编中更好地处理和运用音乐。

小组展示法：通过不同的音乐展示相同的动作，体会不同音乐带来的不同体验，提高学生运用音乐的能力，更好地在音乐中渗透家国情怀。

2. 课程思政融入方式

课程思政融入方式为隐性渗透式。

（三）思政元素内容

本节课的课程思政元素为爱国主义，通过音乐的改变，体会不同音乐带来的心境体会，学生举例自己所了解的民族音乐，"在坚持创造性转化、创新性发展，坚守中华文化立场、传承中华文化基因"的本来面貌时，我们不能丢弃民族音乐自我去迎合外来文化，这是我们坚守文化自信的基本底线，也是弘扬中华优秀传统文化的最基本原则。借助音乐,提升学生文化自信,提高民族自豪感。课堂采用学生自荐音乐,更能引起学生的共鸣。通过改变墨守成规的音乐,培养学生开拓创新、不断进取的精神。体会不同的音乐带来的情感体验,学生不仅要在运动技能上提高,还要在思想品德上进行提高,培养学生的爱国主义情怀和民族自豪感。

三、教学反思

本节课在小组展示过程中,通过更换音乐风格,让学生体会音乐不同带来的不同感受,让学生能够在健美操成套动作的音乐中感受音乐的内涵。采用配套音乐,学生动作没有活力,不干脆;更换音乐后,学生的动作质量有了明显提高,精神面貌焕然一新,更愿意参与到学习和练习中。课堂教学中应该多收集学生生活中经常听的歌曲,并将其应用到所学的健美操成套动作中,提高学生学习健美操的兴趣,增强学生学习的自主性。通过引导学生寻找主题音乐,体会主题音乐带来的魅力,从而培养学生的爱国主义情怀和文化自信。

课程思政案例4:健美操教学比赛

一、课程概述

本节课的学习内容是健美操教学比赛。

知识目标:使学生了解健美操比赛的流程及比赛过程中的注意事项,熟知健美操比赛规则。

能力目标:通过大众三级健美操操化动作的教学比赛,检验学生各动作的掌握程度,提高学生的比赛能力和良好的心理素质。

思政目标:通过教学比赛,提高学生参与比赛、尊重对手的意识。

体育俱乐部 5:健美操

课程思政教学案例
教师:韩珂
扫码看视频

二、课程思政教学设计

(一)思政元素类型

本节课的课程思政元素为尊重对手的体育精神。

(二)课堂教学手段

1. 教学方法

课堂讲授法:通过讲解教学比赛的流程和比赛中的注意事项,提高比赛意识。

自主训练法:学生自行组队,自主练习,自主编排,培养学生自我管理的能力。

比赛交流法:通过教学比赛,展示学生学习成果,提高学生动作技能,培养学生尊重对手的意识。

2. 课程思政融入方式

课程思政融入方式为隐性渗透式。

(三)思政元素内容

本节课的课程思政元素为尊重对手的体育精神,体育不仅是身体运动,还体现高尚的体育道德精神,尊重对手就是其很好的体现。本节课学生自行组队参加比赛。在比赛过程中,一个小组比赛时某位同学出现失误,其余观看比赛的小组通过掌声鼓励错误的小组重拾信心,继续比赛。比赛结束后,教师通过讲解尊重对手,让学生知道尊重对手的重要性,这不仅是尊重对手,更是尊重自己。通过思想教育渗透思政元素,让学生更好地理解比赛的意义,之后继续进行比赛,在比赛中渗透思政教育,提高体育比赛的意识,明确体育比赛的意义,培养学生尊重对手、不断进取的品质。

三、教学反思

本节课在小组比赛过程中,通过比赛学生之间出现的问题,渗透尊重对手的思政元素,在比赛中学生出现的不文明行为,要及时纠正,引导学生正确理解比赛、对待比赛。不要一味地追求技术难度、熟练度而忽视了比赛中常说的"友谊第一,比赛第二"的体育精神。体育赛场上有输赢,但是体育精神没有输赢,只有互相尊重,奋力拼搏。我们的体育精神,应该在相互尊重的基础上体现。在很多时候,对于对手的尊敬往往比比赛获得胜利更加让人们肃然起敬。真正的强者,往往都能尊重自己的对手,在尊重中展现精神的高尚。在今后的课堂教学中,除了对学生技术上的指导外,还要注重对学生多方位的培养,使学生全面发展。

课程思政案例5:第三套
大众健美操锻炼标准一级第一段动作正方向

一、课程概述

本节课的学习内容是第三套大众健美操锻炼标准一级第一段动作正方向。

知识目标:学生初步掌握健美操第一段动作中包含的基本步法和手臂动作的名称,可以清晰地说出动作的发力方式和行动轨迹。

能力目标:学生能够流畅、完整地完成第一段动作正方向,发展学生身体协调性、柔韧性以及表现力。

思政目标:通过集体教学、集体练习、分组练习、小组展示等多种组织形式,培养学生的团结协作精神。

体育俱乐部5：健美操

课程思政教学案例
教师：朱雯琪
扫码看视频

二、课程思政教学设计

(一)思政元素类型

本节课的课程思政元素为体育精神——团结协作。

(二)课堂教学手段

1. 教学方法

课堂示范法：示范正确动作，使学生更直观准确地掌握健美操技术动作。

课堂讲授法：通过简洁的语言进行讲解，使学生更清晰地了解健美操动作的发力方式和行动轨迹。

分组练习法：将学生分成小组进行活动，让学生相互合作、互相帮助，培养学生的团结协作精神。

小组展示法：按照小组顺序，跟随音乐节奏进行展示，培养学生的表现力和团结意识。

2. 课程思政融入方式

课程思政融入方式为隐性渗透式。

(三)思政元素内容

本节课的课程内容是第三套大众健美操锻炼标准一级第一段动作正方向，课程思政元素为体育精神——团结协作。将团结协作精神融入健美操课程中，通过学生之间的合作学习、互帮互助，感受集体的力量以及合作学习的效率。例如，在教授动作时，一起喊拍练习动作，在这个过程中既可以提高学生的健美操技术水平，还可以通过集体喊拍，培养学生的团结意识和责任感。分组练习时，教师引导小组成员之间互相帮助，培养学生的团结合作能力。在小组展示的过程中,教师融入思政元素"集体意识和团结合作",鼓励组与组之间互相鼓励、尊重,提高学生的集体意识。在小组展示之后教师做总结,通过导入大家耳熟能详的"团结就是力量",培养学生的团结协作精神。

三、教学反思

在教授第三套大众健美操锻炼标准一级第一段动作正方向过程中,我深刻认识到将团结协作精神融入健美操课的重要性。通过课程思政元素导入的方式,不仅可以培养学生的集体意识、团结协作精神,还可以帮助他们更好地建立人际关系。在具体实施过程中,我采取了多种策略和方法,通过讲解、示范、集体练习、分组练习、分组展示、总结提高等方式,不仅丰富了健美操课的内容,还使学生在掌握动作技术的同时,增强同学之间的交流,提高集体意识,培养学生的团结协作精神。在教学过程中,我也遇到了一些问题和挑战。例如,有些学生对于健美操运动的技能掌握欠缺,需要教师在课堂上加强讲解和示范;另外,由于学生的身体素质和运动能力存在差异,需要教师根据学生的实际情况制订不同的训练计划和目标。

参考文献

[1] 袁守龙. 大学体育与健康(图解示范+视频指导)[M]. 2版. 北京:人民邮电出版社,2021.

[2] 金晓阳,王毅. 健身与流行健美操教程[M]. 辽宁:东北大学出版社,2006.

[3] 陈瑞琴,周杏芬,汪康乐. 大学生健美操[M]. 苏州:苏州大学出版社,2012.

[4] 周璐瑶. 思政元素融入健美操教学探究[J]. 公关世界,2023(2):142-144.

[5] 张薇. 高校健美操课堂渗透思政元素的策略[J]. 拳击与格斗,2020.

[6] 张萍萍,张晗. 大学公共体育课思政教学实施路径研究——以健美操课为例[J]. 当代体育科技,2023(2):66-69.

俱乐部荣誉

近年来,健美操俱乐部高水平训练队经过长期训练,积极参加各级各类比赛,健美操高水平队经过长期训练,先后取得了2021年山东省学生健康活力大赛大学乙组第一名,大学甲组第一名;第二届青少年健身操舞技能大赛特等奖一项、一等奖一项和二等奖一项;2022年山东省第十二届全民健身运动会健身轻器械四级第一名、有氧舞蹈四级第三名;中国关心下一代工作委员会健康体育发展中心2023年第四届青少年健身操舞技能大赛总决赛第一名。

山东华宇工学院
体育俱乐部
□ SPORTS CLUB ///////

体育俱乐部6：瑜伽

瑜伽俱乐部简介

  瑜伽俱乐部现有学生200余人，俱乐部旨在促进学生的身心健康，普及瑜伽相关知识，培养学生对瑜伽的兴趣，提高学生的健身瑜伽水平。通过自身的体位训练、气息调控和心理调节等手段，达到改善体姿、增强身体活力、延缓机体衰老的作用。积极组织学生开展体育活动和体育竞赛，丰富我校体育文化。

体育俱乐部 6：瑜伽

指导老师简介

闫桂玲，中共党员，副教授，硕士研究生，毕业于山东体育学院体育教学专业，中国健身瑜伽六段段位。主要负责瑜伽俱乐部的教学、训练、活动、竞赛工作。

刘雪，助教，硕士研究生，毕业于沈阳体育学院体育艺术学专业。主要负责瑜伽俱乐部的教学、训练、活动和竞赛工作。

教材信息：《大学体育（AR＋慕课版）》
人民邮电出版社 ISBN 978-7-1154-5226-9
授课对象：本科各专业
课程类型：通识教育课程
课程性质：必修课程
课程思政建设团队：闫桂玲、刘雪

课程思政案例1：初级拜日式

一、课程概述

本节课是瑜伽串联初级拜日式的学习。

知识目标：使学生掌握初级拜日式的姿势，了解其动作要领。

能力目标：通过瑜伽体式的练习，使学生具备科学健身的能力。

思政目标：通过初级拜日式的练习，发展学生力量性、灵活性和柔韧性，培养学生坚强的品质和团队合作的精神。

课程思政教学案例
教师：闫桂玲
扫码看视频

二、课程思政教学设计

（一）思政元素类型

本节课的课程思政元素为中华民族的传统美德——团队合作。

（二）课堂教学手段

1. 教学方法

课堂讲授法：讲解初级拜日式串联的重点、难点及呼吸与体式的配合。

完整示范法：进行完整示范，使学生在脑海中形成动作框架。

分组练习法：通过分组练习，使学生在熟练掌握体式动作的同时学会沟通与合作，培养学生的自我管理能力和团队合作能力。

2. 课程思政融入方式

课程思政融入方式为隐性渗透式。

（三）思政元素内容

本节课的课程思政元素为中华民族的传统美德——团队合作。初级拜日式由12个瑜伽体式组成，在学习过程中，不仅需要学生掌握每个体式的动作要领,还需要学生将12个体式按照顺序做出来。本节课通过分组练习与展示,让学生在沟通与合作中练习瑜伽体式,用隐性渗透方式培养学生的团结合作精神,让学生明白集体就像一盘松软的沙子,一倾斜,沙子就会顺势而落,而有了团结合作的精神,沙子就会化为利剑,刺穿一切障碍和阻难。在我们的学习过程中,同样需要这种力量,一个人做到好不算好,整体好才是好,俗话说"众人拾柴火焰高",鼓励学生学会团结合作,小组成绩才能不断提升。

三、教学反思

本节课的教学内容为学习瑜伽串联体式中初级拜日式,在教学过程中采用了分组练习法,在分组练习中,有的组一直在认真练习,并且学生间还互相指导、纠错、喊着口令一起练;有的组学生间无交流,独自练习。每个组不同的练习方式,导致了最后的展示水平不同。在此引入了思政元素,将集体比作沙子,使学生明白了沙子化为利剑的这种力量,从而将团队合作的精神运用到我们的学习中。在今后的教学过程中,教师要多鼓励学生,引导学生,帮助学生在小组展示的过程中学会与人合作的正确方法,体会到合作的重要性,使学生的合作能力得到发展。

课程思政案例2:幻椅式

一、课程概述

本节课的学习内容是瑜伽体式中的幻椅式。

知识目标:使学生熟练掌握幻椅式的动作要领,了解该体式的锻炼功效。

能力目标:通过瑜伽体式的练习,增强学生脚踝、腿部肌肉力量。

思政目标:通过幻椅式的学习,培养学生坚强的品质,养成良好的运动习惯。

二、课程思政教学设计

(一)思政元素类型

本节课的课程思政元素为体育精神——养成良好的运动习惯。

(二)课堂教学手段

1. 教学方法

课堂讲授法:讲解幻椅式的动作重点、难点和锻炼功效。
完整示范法:进行完整示范,使学生在脑海中形成动作框架。
纠正错误法:通过纠错,使学生掌握体式的正确动作。
自主训练法:让学生自主练习,培养学生的自我管理能力。

2. 课程思政融入方式

课程思政融入方式为隐性渗透式。

(三)思政元素内容

本节课的课程思政元素为体育精神——养成良好的运动习惯,在幻椅式练习中,学生会做屈膝下蹲的动作,主要锻炼学生腿部力量,并在这个动作上停留,保持呼吸,在巡回指导的过程中,对学生的动作进行纠正,随着学生体力不支,让学生还原到山式站姿。此时融入培养运动习惯的思政元素,要求学生每天坚持锻炼,不能只靠上课的时间练习,要在平时生活中加强体育锻炼。并借助学生正在使用的瑜伽垫卷边严重的情况指出学生平时参与锻炼的时间较少,而瑜伽练习是一个循序渐进的过程,要像吃饭喝水一样成为日常习惯,需要学生的耐心和毅力去浇灌,去研习。然后引入优秀运动员有良好运动习惯的例子,鼓励学生们在课下多练习,让体育锻炼成为生活的一部分,这样才能提高自己的平衡、柔韧、力量等身体素质。

三、教学反思

本节课的教学内容为瑜伽体式中幻椅式的学习,在教学过程中我们采用讲练结合的方式,在讲解体式动作及体式功效的过程中,发现学生的下肢力量薄弱,有的学生在动作要领没有讲解结束时就因腿部支撑不住提前还原到站立状态。还有的学生腿部抖动严重,教师针对出现的问题进行引导,使学生体会到自己在练习中的不足,通过引入学生喜爱的优秀运动员有良好运动习惯的案例,帮助学生建立终身体育的意识,保持健康的心态,不仅增强了学生的自信心,也促进了学生良好运动习惯的形成。本节课学生的学习积极性明显提高,能够根据老师指出的不足进行改进,在今后的课堂教学过程中,多采用案例的方式引导学生,使学生时刻鞭策自己,主动参与到体育运动中来。

课程思政案例3:串联体式

一、课程概述

本节课是瑜伽体式中串联体式的学习。

知识目标:通过对持之以恒精神的讲解,引导学生们熟练掌握瑜伽的串联体式的动作要领,以及了解瑜伽体式的锻炼功效。

能力目标:通过瑜伽体式的练习,提高学生身体的整体力量并使其掌握瑜伽体式的要领。

思政目标:通过一个学期瑜伽串联体式的学习,培养学生吃苦耐劳、持之以恒的品质。

课程思政教学案例
教师:闫桂玲
扫码看视频

二、课程思政教学设计

(一)思政元素类型

本节课的课程思政元素为体育精神——持之以恒。

(二)课堂教学手段

1. 教学方法

课堂讲授法:通过讲解瑜伽体式动作要点及编排顺序,使学生能够自主创新编排。

自主训练法:引导学生进行自主练习,培养学生的自我管理能力。

纠正错误法:通过课上纠错环节,使学生掌握体式的正确动作。

2. 课程思政融入方式

课程思政融入方式为隐性渗透式。

(三)思政元素内容

本节课的课程思政元素为体育精神——持之以恒,老师通过引入"瑜伽之母"张蕙兰的例子及同学们学期初与学期末的巨大变化,对同学们本学期瑜伽课程进行总结的同时强调持之以恒精神的意义与价值。"瑜伽之母"张蕙兰是国内最早的瑜伽推广者,在长达15年的时间里,通过中央电视台介绍瑜伽,让瑜伽被更多的人知道和喜爱。她将瑜伽带入了中国的千家万户,也是她的坚持与坚守才使越来越多的人认识了瑜伽。然后结合学生在学期初刚开始学习时,短时间内能够保持正确的姿势,随着时间的延长,同学们感到累后,开始出现动作上失误及姿势不准确等问题,甚至有的同学干脆趴到垫子上。但同学们通过坚持不懈地练习,在学期末快结束时,他们的瑜伽水平有了很大的进步,可以自主地完成一整套瑜伽的串联体式,并做得十分标准,他们践行了持之以恒的精神。瑜伽既能调养身心,又能帮助同学们改变自己形体上的问题,从而引导学生在课上练习的时候,在因为太累坚持不下去的时候,告诉自己,再坚持一下,坚持就是胜利,胜利就在眼前。瑜伽课程培养同学们坚持运动的优秀品质,引导同学们在平时的学习生活中养成持之以恒的精神。

三、教学反思

本节课的教学内容为培养同学们持之以恒的精神。在教学过程中我们采用讲练结合的方式,通过讲解现实中的例子,来加深同学们的印象与理解。在学期初的时候,有很多同学存在不同的问题,比如有的同学在练习开始就期待练习结束,在动作要领没有讲解结束就因腿部支撑不住提前还原到站立状态,还有的同学腿部抖动严重。针对出现的问题,学生体会到自己在练习中的不足,通过一个学期的不断努力,学生建立了终身体育的意识,并保持有健康的心态,在学期末的时候掌握了瑜伽串联体式,熟练自主地完成瑜伽串联体式,与学期初相比取得了很大的进步,不仅增强了学生的自信心和价值观,也培养了学生持之以恒的精神。

课程思政案例4:瑜伽体式串联

一、课程概述

知识目标:通过小组比赛,掌握瑜伽体式串联的技巧及瑜伽比赛的注意事项。

能力目标:通过瑜伽体式串联的展示,提高学生体式的熟练程度。

思政目标:通过瑜伽体式串联的展示,培养学生的创新意识、竞争意识以及尊重对手的意识。

课程思政教学案例
教师:闫桂玲
扫码看视频

二、课程思政教学设计

(一)思政元素类型

本节课的课程思政元素为体育精神——尊重对手。

(二)课堂教学手段

1. 教学方法

课堂讲授法:讲解瑜伽体式串联技巧以及体式串联中的注意事项。

自主训练法:通过让学生自主练习,培养学生的合作意识,学会沟通与合作。

比赛交流法:通过小组间的体式串联展示,培养学生的竞争意识,使小组互相学习、互相进步,同时培养学生尊重对手的意识。

2. 课程思政融入方式

课程思政融入方式为隐性渗透式。

(三)思政元素内容

本节课的课程思政元素为体育精神——尊重对手。各组同学将编排好的瑜伽体式串联并进行展示,在展示的过程中会有同学因柔韧性较差或者平衡性较差等导致失误的情况,这时出现了有的同学幸灾乐祸,甚至用肢体语言来嘲讽同学等不文明行为。老师对此及时进行引导,让学生进行换位思考,体会一下如果是自己在场上出现失误,同学们嘲笑自己时的感受,这些不文明的行为会加重场上队员的心理负担,甚至造成更严重的伤害。老师引导学生在赛场上要给予对方足够的尊重,用自己的体式演绎去赢得比赛,而不是靠不文明的行为去伤害对方,这样即使赢了比赛也不光荣。因此无论是在比赛中还是生活中,我们都要尊重对手,尊重同学,尊重老师,尊重裁判,以瑜伽为交流平台,结交有共同爱好的朋友,这样将来的路才会走得更宽、更稳。

三、教学反思

本节课的教学内容为瑜伽体式串联,通过让学生在小组内相互交流,将学过的体式进行编排,合理地将体式串联起来,最后通过小组展示,比一比哪个组串联得更新颖、更连贯。在教学过程中我们采用分组比赛的方式,同学们自由发挥,并自选音乐,将本学期学过的体式串联到一起,每组动作不少于6个体式。通过展示发现每组同学都完成得很好,但由于学生的平衡性和柔韧性较差,因此部分体式失误,导致一些不尊重对手的行为出现。对此教师及时集合学生,纠正了这些不文明行为,并告诉学生,只有给对方足够的尊重,用自己的体式演绎去赢得比赛,才会赢得光荣。也正如奥地利作家卡夫卡所说:"善待你的对手,方尽显品格的力量和生存的智慧。"

课程思政案例5:单腿背部伸展式

一、课程概述

本节课是瑜伽体式单腿背部伸展式的学习。

知识目标:学会单腿背部伸展式,了解瑜伽练习的功效。

能力目标:能够标准展示单腿背部伸展式体式动作,明确技术动作要领。

思政目标:培养学生持之以恒、坚持不懈的意志品质。

课程思政教学案例
教师:刘雪
扫码看视频

二、课程思政教学设计

(一)思政元素类型

本节课的课程思政元素为体育精神——持之以恒。

(二)课堂教学手段

1. 教学方法

课堂讲授法:通过讲解单腿背部伸展式动作要领,使学生明确标准体式要求。

分组练习法:通过小组合作探究,培养学生团结合作精神。

纠正错误法:通过课上纠错环节,使学生掌握正确的体式动作。

案例教学法:通过引入与教学知识点相关的思政案例,引导学生练习瑜伽要持之以恒。

启发教学法:在教学过程中,结合瑜伽大师的事迹,启发学生做事要持之以恒、坚持不懈。

2. 课程思政融入方式

课程思政融入方式为隐性渗透式。

(三)思政元素内容

本节课的课程思政元素为体育精神——持之以恒。本节课复习单腿背部伸展式,教师通过分组练习和小组展示后,选取优秀学生展示和发言,使学生了解练好瑜伽需要课下持之以恒地练习,与此同时,引入瑜伽大师艾扬格的案例和耳熟能详的名言警句,启发学生练习瑜伽要持之以恒。现代瑜伽创始人——艾扬格,他曾在凌晨3时醒来练习瑜伽,也曾在等米饭煮熟的空当练习瑜伽,甚至废寝忘食地练习瑜伽。正是因为艾扬格几十年日复一日的积累,才成为第一位从20世纪50年代就离开印度前往西方传授瑜伽的瑜伽大师,至今被人传颂。在我国,哲学家荀子在《劝学》中曾说:"不积跬步,无以至千里;不积小流,无以成江海。"老子在《老子》一书中曾说:"合抱之木,生于毫末;九层之台,起于累土;千里之行,始于足下。"瑜伽大师艾扬格的事迹和古代圣贤令人耳熟能详的名言警句告诉我们:没有量变就没有质变,量的变化积累到一定程度,就会产生质的飞跃。所以在瑜伽练习中要遵循循序渐进的原则,持之以恒地练习,有了量的积累,才会引起质的飞跃,才会在瑜伽课堂中发现更优秀的自己。

三、教学反思

本节课的教学内容为单腿背部伸展式练习。在教学过程中采用讲练结合的方式，通过讲解瑜伽大师艾扬格的案例和古代圣贤令人耳熟能详的名言警句，加深学生的印象与理解。在体式复习的时候，有的学生忘记技术动作要领和要求，还有的学生做的体式不规范，导致瑜伽体式练习对身体造成不良的效果。但是有个别学生通过课下持之以恒地练习，课堂展示非常规范标准，教师针对该学生优秀的品质进行鼓励和表扬，引导学生积极利用课余时间每天练习瑜伽。通过持之以恒地练习，在学期末，学生能够熟练掌握本学期瑜伽各体式动作，能够准确讲出各体式动作要领，并且能够规范标准展示各体式动作，柔韧和力量较学期初均取得了较大的进步，不仅增强了学生瑜伽锻炼的自信心，还培养了学生持之以恒的体育精神。

参考文献

[1] 李彤. 瑜伽实用教程 [M]. 北京：清华大学出版社，2020.

[2] 魏云花. 大学瑜伽教程 [M]. 杭州：浙江大学出版社，2010.

[3] (印)艾扬格. 瑜伽之光 [M]. 王晋燕，译. 北京：当代中国出版社，2011.

俱乐部活动

瑜伽俱乐部致力于培养学生运动兴趣,提高动作的协调性和准确性,增强身体各系统机能,培养学生创造美的能力,形成科学的健身理念和健康的生活方式,爱瑜伽、懂生活、知感恩。从创立至今,俱乐部内部组织了多项活动,极大地丰富了学生课余文化生活。

山东华宇工学院
体育俱乐部
SPORTS CLUB ///////

体育俱乐部7：武术

武术俱乐部简介

　　武术俱乐部成立于2020年，是我校的体育俱乐部之一，现有学生300余人，高水平队员20人。俱乐部学生以"三自主"为基本原则，在体育教师的指导下进行学习、活动、训练和比赛。目前，本俱乐部以武术套路学习为主，以"习武促学、练武健身、尚武强志、涵武修德"为宗旨，以培养学生终身体育意识为目的，积极推动学生武术活动的开展，热心为学生健身活动服务，培养更多的武术运动骨干和人才，为广大武术爱好者提供学习、交流和锻炼的场所。俱乐部高水平武术队在山东省大学生运动会和山东省太极拳锦标赛等比赛中获得优异成绩。

指导老师简介

王其飞,讲师,毕业于北京体育大学,硕士研究生,武术五段运动员,国家二级裁判员,武术段位制指导员、考评员,2021年获得山东省大学生武术比赛"优秀教练员"荣誉称号。

体育俱乐部7：武术

王永，助教，毕业于云南民族大学，硕士研究生，武术国家一级裁判员，羽毛球国家一级裁判员。

教材信息：《大学体育（AR＋慕课版）》
　　　　　　人民邮电出版社 ISBN 978-7-1154-5226-9
授课对象：本科各专业
课程类型：通识教育课程
课程性质：必修课程
课程思政建设团队：王其飞、王永

课程思政案例1：二十四式太极拳

一、课程概述

本节课的学习内容是武术课程中的二十四式太极拳。

知识目标：通过二十四式太极拳学习，使学生明确高探马、右蹬脚的技术动作要领，掌握动作方法与标准。

能力目标：通过练习二十四式太极拳，使学生能够运用太极拳进行身心锻炼，提高学生的演练水平。

思政目标：通过武德教育、价值引领培养学生坚持不懈、持之以恒的体育精神，养成良好的运动习惯。

二、课程思政教学设计

(一)思政元素类型

本节课的课程思政元素为体育精神——持之以恒。

(二)课堂教学手段

1. 教学方法

课堂讲授法:通过讲解,让学生了解高探马、右蹬脚动作要领,明确动作的重点和难点。

完整示范法:在讲解太极拳技术动作之前,教师先做完整的动作示范,使学生在头脑中形成正确的动作表象。

分解示范法:讲解高探马、右蹬脚的动作要点,包括上肢、下肢及躯干等动作要求,让学生掌握高探马和右蹬脚的动作细节。

练习法:采用集体、小组、个人等形式进行二十四式太极拳练习,提高学生的演练水平。

2. 课程思政融入方式

课程思政融入方式为隐性渗透式。

(三)思政元素内容

本节课的课程思政元素为体育精神——持之以恒。从学生的课堂练习中,发现学生没有熟练掌握上节课的学习内容,甚至有些同学还出现了遗忘,从而切入课程思政。太极拳又名"磨太极",也就是说需要长时间不间断地练习才能练好,如果想练好太极拳仅仅靠课上时间练习是远远不够的,俗语说"台上一分钟,台下十年功""一日练一日功,一日不练十日空"就是这个道理。通过引入钟南山院士的实例,面对疫情,钟南山院士团队无数个日日夜夜奋战在一线,正是因为众多医务工作者的坚持不懈,才为人民的健康保驾护航。通过案例和武术俗语的引入,让学生理解坚持的重要性,进而使学生养成良好锻炼的习惯。

三、教学反思

本节课的学习内容是武术课程中的二十四式太极拳。学生在上课时,复习的效果不是很好,没有掌握上节课的学习内容,从而引入了课程思政。学习太极拳要想取得好的效果,就必须多练,"冬练三九,夏练三伏",因此,通过实例,引导学生要养成一个坚持锻炼的好习惯,把太极拳作为一个终身强身健体的方式。本节课同学们学习认真,练习积极,圆满完成了课堂的学习任务,达到了本节课的教学目标,希望学生课后坚持锻炼,练好太极拳。

课程思政案例2:武德武礼

一、课程概述

本节课的学习内容是武术课程中武德武礼(理论课)。

知识目标:通过武德武礼学习,使学生了解武德武礼的内涵,学会抱拳礼。

能力目标:通过武德武礼的学习,让学生清楚武德武礼的运用情景,明确武术精神。

思政目标:通过武德教育、价值引领培养学生良好的道德品质。

课程思政教学案例
教师:王其飞
扫码看视频

二、课程思政教学设计

(一)思政元素类型

本节课的课程思政元素为中华民族传统武德武礼。

(二)课堂教学手段

1. 教学方法

课堂讲授法:通过讲解,让学生了解武德武礼阐释的思想内涵及武术抱拳礼的动作要领。

完整示范法:在讲解抱拳礼之前,教师先做完整的抱拳礼示范,使学生在头脑中形成正确动作表象。

分解示范法:讲解武术抱拳礼的动作要点,包括上肢、下肢及躯干等动作要求,让学生掌握抱拳礼的动作细节。

2. 课程思政融入方式

课程思政融入方式为专题嵌入式。

(三)思政元素内容

本节课的课程思政元素为中华民族传统武德武礼。"文以德彰,武以德显。"从定义上看,武德是从事武术活动的人,在社会活动中所应遵循的道德规范和道德品质。"止戈为武"是武术的最终目的,学生们初学武术,应学礼为先,让"未曾学艺先学礼,未曾习武先习德"的理念深入学生的头脑。通过讲解武德武礼,让学生明确武德内涵,即"尊师重道、讲礼守信、见义勇为、不凌弱逞强""争斗而有礼让,艺纯而不粗野,富于观赏且追求高尚的精神气质";让武德思想内化于心,让学生养成良好的武德武礼习惯,形成良好的道德品质。

三、教学反思

本节课的学习内容是武术课程中的武德武礼。学生第一次上武术课,对中国武术不是很了解,对此,我在向学生介绍武术时,引出武德武礼,即"未曾学艺先学礼,未曾习武先习德"。因此,我向学生讲解武德内容和抱拳礼,并让学生知道武德饱含做人做事的道理,是中华民族传统美德的重要组成部分。"练武先练德,教拳先教心。"要求学生在平时的学习与生活中,践行武德要求,发扬民族精神。本节课学生认真听讲,能够跟着老师的思路进行学习,并积极提出问题与老师沟通,展现出了对武术课的极大兴趣。在今后的武术教学中,我会将武德武礼贯穿到每一节武术课中,让学生真正体会到武术的教育意义。

课程思政案例3:少林八步连环拳

一、课程概述

本节课的学习内容是武术课程中的少林八步连环拳。

知识目标:通过少林八步连环拳学习,使学生明确技术动作的要领,掌握动作方法与标准。

能力目标:通过练习少林八步连环拳,使学生能够运用少林八步连环拳进行健身健心,提高学生的演练水平。

思政目标:通过武德教育、价值引领培养学生的坚持不懈、吃苦耐劳的体育精神,养成良好的锻炼习惯。

课程思政教学案例
教师:王其飞
扫码看视频

二、课程思政教学设计

(一)思政元素类型

本节课的课程思政元素为体育精神——吃苦耐劳。

(二)课堂教学手段

1.教学方法

课堂讲授法:通过讲解,让学生了解动作要领,明确动作的重点和难点。

完整示范法：在讲解少林八步连环拳技术动作之前，教师先做完整的动作示范，使学生在头脑中形成正确动作表象。

分解示范法：讲解少林八步连环拳的动作要点，包括上肢、下肢及躯干等动作要求，让学生掌握动作细节。

练习法：采用集体、小组、个人等形式进行少林八步连环拳练习，提高学生的演练水平。

2. 课程思政融入方式

课程思政融入方式为隐性渗透式。

（三）思政元素内容

本节课的课程思政元素为体育精神——吃苦耐劳。从学生的课堂练习中，发现学生在练习少林八步连环拳时，动作很不标准，特别是弓步和马步蹲不下去，甚至有些同学还出现了"站着练"的状态，从而切入课程思政。少林八步连环拳的特点是动作刚猛有力，马步弓步稳健，因此，每个步法动作要到位。但是如要练好，要动作到位就需多蹲马步，多练弓步，多练就会很累很苦。俗语"吃得苦中苦，方为人上人"就是这个道理。通过引入红军长征的例子，阐述他们在长征时，爬雪山、过草地、吃树皮等受过的累，吃过的苦，最后获得成功，让同学们明白现在吃的苦、受的累可以坚持。另外，向学生阐述在以后的学习工作中都需要发扬吃苦精神。通过案例、武术俗语的引入，让学生理解吃苦耐劳的重要性，进而使学生养成良好锻炼的习惯。

三、教学反思

本节课的学习内容是武术课程中的少林八步连环拳。学生在上课时，练习效果不是很好，做的动作不是很规范、到位，从而引入了课程思政。学习少林八步连环拳要想取得好的效果，就必须不怕苦、不怕累，把动作练标准。本节课同学们学习认真，练习积极，圆满完成了课堂的学习任务，达到了本节课的教学目标，希望学生课后坚持锻炼，练好少林八步连环拳。

课程思政案例4：五步拳

一、课程概述

本节课的学习内容是五步拳。

知识目标：通过五步拳学习，使学生明确技术动作的要领，掌握动作方法与标准，激发学生对五步拳的学习兴趣。

能力目标：通过五步拳学习，使学生能够运用五步拳进行健身健心，提高学生的演练水平。

思政目标：通过武德教育、价值引领培养学生团结合作、奋勇拼搏的体育精神，养成自主锻炼的习惯。

课程思政教学案例
教师：王永
扫码看视频

二、课程思政教学设计

（一）思政元素类型

本节课的课程思政元素为中华民族优秀品质——团结合作。

（二）课堂教学手段

1. 教学方法

发现式教学法：教师通过创设五步拳的技击体现问题的情境，使学生在情境中产生疑难和矛盾，按照教师的要求，带着问题去探索，通过反复练习，掌握五步拳技术的原理方法。

完整与分解法：通过完整与分解动作练习，使学生掌握动作正确发力的方式。

榜样激励法：通过树立正能量榜样，引导学生"见贤思齐"，使学生在榜样行为模仿学习上强化自身学习状态。

多形式练习法:采用集体、小组、个人等形式进行五步拳练习,提高学生的演练水平。

2. 课程思政融入方式

课程思政融入方式为隐性渗透式。

(三)思政元素内容

本节课的课程思政元素为中华民族优秀品质——团结合作。对于初学武术的同学来说,记住冗长复杂的武术套路动作是其首要难题,在课堂上学生自主练习中,发现一部分学生独自练习,在遇到忘记动作等困难时不能及时解决,导致练习效率较低。另一部分学生进行小组合作练习,在遇到某一同学忘记动作时,其他同学能够及时提醒,动作比较标准,练习效率较高。教师以此为思政元素切入点,在引导学生进行合作学习之后,让学生对比运用两种练习方式的学习效果,同时引导学生进行团结合作集体练习,体会团结合作的重要意义。最后向学生阐明合作学习是彼此联合互帮互助的过程,因为大家有着学好练好五步拳的共同目标,协同增效,集大家之所长,集中力量突破难关,合作不仅仅是1+1等于2,甚至是大于2。最后希望同学们能够注重团结合作,相互帮助,相互支持。

三、教学反思

本节课的学习内容为武术课程中的五步拳。通过课堂讲解、动作示范和教师领做让学生熟悉动作要领,随后学生自主练习进行动作巩固。通过学生在课堂自主练习时独自练习和合作学习的效果对比,引导学生认识到团结合作的重要性。本节课同学们学习认真,练习积极,能够掌握五步拳的动作要领,并进一步提升了对武术的学习兴趣,圆满完成了课堂的学习任务,达到了本节课的教学目标。

参考文献

[1] 袁守龙. 大学体育与健康(图解示范+视频指导)[M]. 2版. 北

京：人民邮电出版社，2021.

[2] 马春燕，雷耀方. 大学体育（AR＋慕课版）[M]. 北京：人民邮电出版社，2017.

[3] 李德印. 24式太极拳教与学 [M]. 北京：北京体育大学出版社，2009.

俱乐部荣誉

武术高水平运动队经过长期训练，在2021年山东省第十六届大学生运动会武术比赛中取得了优异的成绩，其中韩晨雨同学勇夺女子甲组太极拳冠军，张豫同学获得女子乙组长拳季军。我校武术队还被山东省教育厅、教育局授予"体育道德风尚奖""太极校园文化传播奖"等荣誉，他们为武术俱乐部赢得了光彩，更为学校赢得了荣誉。

武术俱乐部荣誉墙

序号	项目	名次	学生姓名	比赛
1	女子太极拳	第一名	韩晨雨	山东省第十六届大学生运动会武术比赛
2	男子太极拳	第七名	王浩宇	
3	男子南拳	第八名	陈 阳	
4	女子长拳	第三名	张 豫	
5	男子南拳	第五名	韦钦泰	
6	男子男棍	第五名	韦钦泰	
7	女子太极拳	优秀运动员	张颖慧	
8	男子南拳	优秀运动员	王成龙	
9	集体项目	体育道德风尚奖	武术队	
10	女子太极拳	三等奖	张颖慧	2021年中国—波罗的海三国武术网络比赛

山东华宇工学院
体育俱乐部
□ SPORTS CLUB ///////

体育俱乐部 8：足球

足球俱乐部简介

  足球俱乐部现有学生约 600 人，贯彻"健康第一"的指导思想，通过教学与比赛培养学生运动兴趣，提高学生身体素质，培养学生顽强拼搏、吃苦耐劳、尊重对手的竞技精神，最终形成终身体育意识。

指导老师简介

杨玉伟(中),副教授,毕业于沈阳体育学院体育教育专业,1984年参加工作,一直从事足球教育教学工作。

张昊(左),讲师,毕业于德州学院,中国足协D级教练员。

吴昊(右),讲师,毕业于聊城大学,中国足协D级教练员,中国足协五人制初级教练员。

> 教材信息：《足球》
>
> 　　　　　清华大学出版社 ISBN 978-7-3021-9336-4
>
> 授课对象：本科各专业
>
> 课程类型：通识教育课程
>
> 课程性质：必修课程
>
> 课程思政建设团队：张昊、吴昊、杨玉伟

课程思政案例1：足球脚内侧传球技术

一、课程概述

本节课的学习内容是足球课程中的脚内侧传球技术。

知识目标：使学生了解脚内侧传球的技术要领，掌握脚内侧传球的练习方法。

能力目标：通过分组对抗练习，培养学生在比赛中熟练掌握脚内侧传球的能力。

思政目标：通过分组对抗练习，培养学生尊重对手，尊重队友，尊重裁判的体育精神，增强集体荣誉感。

> 课程思政教学案例
> 教师：吴昊
> 扫码看视频

二、课程思政教学设计

（一）思政元素类型

本节课的课程思政元素为体育道德精神——尊重。

(二)课堂教学手段

1. 教学方法

课堂讲授法:通过语言进行讲解本节课脚内侧传球的技术动作要领。

比赛练习法:进行教学比赛,使学生在比赛中熟练掌握脚内侧传球技术,培养良好的竞赛能力。

自主训练法:通过对抗练习法,让学生自主练习,培养学生的自我管理能力,自主进行小组组合,学会沟通与合作。

案例法:通过优秀足球运动员的事迹讲解,培养学生足球的学习兴趣,使他们能够在榜样的激励下,发扬尊重对手的体育精神。

2. 课程思政融入方式

课程思政融入方式为隐性渗透式。

(三)思政元素内容

本节课的课程思政元素内容围绕"尊重"开展。学会尊重是中华民族的传统美德,也是年轻人应具备的优良品质之一。在队员受伤后,场上其他队员没有做出任何表示继续比赛,没有体现出尊重队友或对手的品质,教师及时叫停,查看受伤队员,对学生宣讲在竞技场中能够尊重对手、尊重裁判、尊重队友、尊重球迷才是比赛的真谛。举例某优秀足球运动员在一场重要比赛中,在裁判员出现了错误判罚时,自己主动放弃了点球判罚,将球权归还给对方,得到了全世界球迷的尊重,俗话说"友谊第一,比赛第二",体育赛场上有输赢,但是在体育精神中没有输赢,以往在很多时候对于对手的尊敬往往要比比赛获得胜利更加让人肃然起敬,更加让人认识体育精神带给我们的正能量。希望同学们将这些优秀的意志品质带入今后的学习和生活当中去。

三、教学反思

本节课以传球结合比赛中的应用练习为主,练习强度大。通过学生受伤,其他队员没有做出任何表示后展开宣讲:要注重对于队友的保护并且学会尊重。学生与教师和队友进行交流沟通后,也认识到自己存在的不足,认识到在比赛场上应该尊重队友或对手,尊重裁判。在比赛中学生的积极性有了更大的提高,通过细节方面能够体现出尊重的意志品质,展现了良好的精神面貌。

课程思政案例 2:足球进攻战术

一、课程概述

本节课的学习内容是足球课程中的进攻战术。

知识目标:使学生了解进攻战术配合,掌握足球比赛的进攻原则与方法。

能力目标:通过分组对抗练习,使学生在团体作战中具备良好的竞赛能力。

思政目标:通过分组对抗练习,培养学生团结协作的体育精神,增强集体荣誉感。

课程思政教学案例
教师:吴昊
扫码看视频

二、课程思政教学设计

(一)思政元素类型

本节课的课程思政元素为中华民族的传统美德——团结协作。

(二)课堂教学手段

1. 教学方法

课堂讲授法:通过语言进行讲解本节课进攻战术配合方法、进攻原则和要求。

比赛练习法：进行教学比赛，使同学们在比赛中熟练掌握配合方法、进攻原则和要求，培养良好的竞赛能力。

自主训练法：通过对抗练习法，让学生自主练习，培养学生的自我管理能力，自主进行小组组合，学会沟通与合作。

案例法：通过优秀足球团队的案例讲解，培养学生对足球的学习兴趣，使学生能够在榜样的激励下，发扬团结协作的精神。

2.课程思政融入方式

课程思政融入方式为隐性渗透式。

(三)思政元素内容

本节课的课程思政元素为团结协作。从分组对抗比赛中，将中华民族的传统美德——团结协作——融入课堂教学中，使学生在学习动作技能的同时，也能培养出良好的意志品质。在技术动作的不断练习过程中，在学生出现不合理的处理球方式之后，给学生空间进行争论，教师用隐性渗透方式培养同学的团结协作精神，与学生沟通，讲明足球运动是一个集体项目，大家是一个团队，是一个整体，需要多人的协同配合。在足球场上传球要比个人带球从后向前的推进速度要快，鼓励学生在比赛场上分享足球，学会与队友相互配合取得比赛胜利。强化学生团结协作的意识，让学生认识到任何一个组织都需要这种凝聚力。

三、教学反思

本节课的学习内容是足球课程中的进攻战术。学生分组进行对抗比赛，在出现不合理的技术动作时，教师及时叫停，提醒学生发散思维，注重与队友的配合，完成进攻。学生经过与教师和队友互相沟通，认识到自己在合作方面存在的不足，也体会到在足球场上需要多个人共同努力才能取得想要的结果。在本节课中，学生精神饱满，热情高涨，在分组练习中展现了良好的精神面貌和竞争意识，同时懂得学会尊重队友，树立了团队意识，增强了集体荣誉感，展现了良好的团结协作的精神。

课程思政案例3：足球基本技术串联

一、课程概述

本节课的学习内容是足球基本技术串联。

知识目标：使学生了解各项技术衔接的动作要领，并能在比赛中熟练应用。

能力目标：通过对抗练习，培养学生良好的球感、球性和身体控制能力。

思政目标：在比赛过程中引导学生树立永不言弃的良好品质。

课程思政教学案例
教师：张昊
扫码看视频

二、课程思政教学设计

(一) 思政元素类型

本节课的课程思政元素为积极向上的体育精神——永不言弃。

(二) 课堂教学手段

1. 教学方法

课堂讲授法：通过语言进行讲解本节课技术动作要领和衔接的注意事项。

自主训练法：通过练习法，让学生自主练习，锻炼学生自主学习能力，培养学生的自我管理能力，自主进行小组组合，学会沟通与合作。

比赛测试法：通过比赛法培养学生的竞争意识，在学生之间形成努力拼搏、永不言弃的精神。

2. 课程思政融入方式

课程思政融入方式为隐性渗透式。

(三)思政元素内容

本节课的课程思政内容围绕"永不言弃"开展。永不言弃是重要的体育精神之一,也是年轻人应具备的优良品质之一。通过技术动作的衔接练习,了解学生对于技术动作的掌握情况。当学生达到一定的水平后,教师组织学生以对抗比赛的形式进一步巩固学生的技术动作水平,同时,提高学生在运动战当中的动作衔接能力。针对学生在比赛中的表现,教师展开宣讲。平时学习的所有技术动作最终都是为了比赛而服务的,只有具备扎实的基本功,才能使自己在比赛中游刃有余。但是基本功并不是决定成败的唯一因素,要想赢得比赛,坚强的意志品质同样是关键因素。通过观察对抗比赛中学生表现出的竞技精神和顽强拼搏的意志品质,对学生做出肯定,进而延伸到学生的生活和学习当中,告诫同学们谨记坚持就是胜利,任何时候都不要轻言放弃,只要努力了,即使失败也不会后悔。

三、教学反思

本节课以基本技术动作衔接练习为主。根据学生的实际水平合理地对学生进行分组并组织对抗练习。在对抗练习中,进一步加强学生动作技术衔接的熟练程度。同时,注意发现学生在比赛中表现出的永不言弃的精神,并给予肯定,以此来达到思想政治教育的目的。让学生明白无论是在生活还是在学习当中,轻言放弃就是对自己的不负责任,不论遇到什么困难,咬牙坚持一下,说不定就会有奇迹发生。通过本节课的学习,我发现有小部分学生欠缺这种迎难而上、永不言弃的竞技精神,在教学中要注意继续引导。

课程思政案例4:足球正脚背颠球技术

一、课程概述

本节课的学习内容是足球课程中的正脚背颠球技术。

知识目标：使学生了解正脚背颠球的技术要领，掌握正脚背颠球的练习方法。

能力目标：通过练习，培养学生良好的球感、球性和身体控制能力。

思政目标：在练习过程中引导学生戒骄戒躁，树立追求卓越的良好意识。

课程思政教学案例
教师：吴昊
扫码看视频

二、课程思政教学设计

（一）思政元素类型

本节课的课程思政元素为积极向上的体育精神——追求卓越。

（二）课堂教学手段

1. 教学方法

课堂讲授法：通过语言进行讲解本节课颠球动作的技术要领。

自主训练法：通过练习法，让学生自主练习，锻炼学生自主学习能力，培养学生的自我管理能力，自主进行小组组合，学会沟通与合作。

案例法：通过优秀足球运动员的事迹讲解，培养学生对足球的学习兴趣，使同学能够在榜样的激励下，发扬追求卓越的体育精神。

2. 课程思政融入方式

课程思政融入方式为隐性渗透式。

（三）思政元素内容

本节课的课程思政内容围绕"追求卓越"开展。追求卓越是重要的体育精神之一，也是年轻人应具备的优良品质之一。学生通过自主练习，不仅能完成教师所讲解的技术动作还能主动学习难度更高的颠球动作，表现出积极好学的良好精神。颠球技术是足球技术里面提高运动员球感、球性、控制力的重要提升方法。颠球方式有多种,常见的有全身上下十二部位颠球方式,掌握不同触球能力可以在比赛的不同情境下合理处理球。通过介绍优秀足球运动员事例,培养学生永不言弃、追求卓越的精神。在足球场上并不是说赢了今天就赢得了一切,在以后人生道路上也是如此,没有暂停键,追求卓越就是一步一步追求优秀的过程。告诫学生如果凡事都要求差不多就可以了,最后的结果可能就是差很多,勉励学生追求更卓越的境界,无论是在足球方面还是人生道路上都要严格要求自己,把自己的能力发挥到极致。

三、教学反思

本节课以颠球技术学习为主,让学生自由练习,通过展示有些学生掌握一个动作后,还不满足于现状去学习更加复杂的技术动作等表现,及举例优秀足球运动员事例体现出对于足球不能只满足于现状,对于人生不能满足于差不多和将就,使学生明白追求卓越不是一个标准,而是一种境界,鼓励学生追求优秀中的最优。通过本节课的学习,我认识到在今后教学中不仅要教会学生颠球基本知识和技能,更要针对不同层次学生提出不同的要求和标准,引导学生在今后的学习、工作和生活中追求卓越,这才是对于足球和人生的一个该有的态度,鼓励学生将能力发挥到极致。

参 考 文 献

[1] 马春燕,雷耀方. 大学体育(AR+慕课版) [M]. 北京:人民邮电出版社,2017.

[2] 齐效成,高巍,张陶陶. 足球 [M]. 北京:清华大学出版社,2015.

[3] 孙麒麟,顾圣益. 体育与健康教程 [M]. 5版. 北京:高等教育出版社,2013.

俱乐部活动

俱乐部始终秉持"激情梦想 飞扬青春"的初心,倡导健康向上、共同进步、增强体魄的理念,挑选有特长的学生,组建具有一定水平、充满活力、有凝聚力的高水平训练队,积极训练、备战,多次参加各级别足球联赛并取得优异成绩。

山东华宇工学院
体育俱乐部
□ SPORTS CLUB ///////

体育俱乐部 9：篮球

篮球俱乐部简介

  山东华宇工学院篮球俱乐部成立于 2020 年，其成员由酷爱篮球运动并具有责任心的师生组成。目前，俱乐部共有专项教师 5 名，学员 1000 余人。篮球俱乐部成立至今，全体成员始终贯彻

"严肃认真、稳定踏实"的作风,坚持"勤练、常赛、学以致用"的理念,在夯实基础的同时积极参与并组织校级、院级篮球比赛,并以此为依托选拔校队成员参加各省、市级各类比赛。

"路虽远,行则将至",相信在不久的将来,在大家共同的努力之下,俱乐部会成为篮球爱好者集结之地,群英荟萃之所。

指导老师简介

(从左至右)

朱礼娜,中共党员,硕士研究生,毕业于山东科技大学,国家一级篮球运动员,国家一级裁判员。

田骐,中共党员,硕士研究生,毕业于广西师范大学体育教育训练学专业,国家一级篮球裁判员。

王山松,中共党员,讲师,毕业于天津体育学院运动训练专业,国家一级篮球裁判员。

李晓明,中共党员,硕士研究生,毕业于沈阳体育学院体育教育训练学专业,国家一级裁判员,国家中级经济师。

展国威,硕士研究生,毕业于聊城大学体育教学专业,国家一级篮球裁判员,中国篮协 E 级教练员。

体育俱乐部9:篮球

> 教材信息：《篮球基础与战术》
> 　　　　　人民邮电出版社 ISBN 978-7-1154-1846-3
> 授课对象：本科各专业
> 课程类型：通识教育课程
> 课程性质：必修课程
> 课程思政建设团队：王山松、李晓明、展国威、朱礼娜、田骐

课程思政案例1:教学比赛(1)

一、课程概述

本节课学习篮球教学比赛的相关知识。

知识目标：使学生了解篮球比赛流程,可以熟知篮球比赛的规则与注意事项。

能力目标：通过教学比赛的练习,可以顺利完成篮球比赛。

思政目标：通过教学比赛的练习,培养学生尊重对手的意识和集体主义精神。

课程思政教学案例
教师:王山松
扫码看视频

二、课程思政教学设计

(一)思政元素类型

本节课的课程思政元素为尊重对手。在比赛中学会尊重对手,尊重规则,通过教师引导,明白胜负固然重要,但更重要的是做一个具有崇高道德修养的人。奥地利作家卡夫卡说:"善待你的对手,方尽显品格的力量和生

存的智慧。"不要嫉妒对手,而要学会尊重和了解对手,因为竞争对手是运动员的赛场标靶,只有学会尊重和了解对手,才能在与强劲对手竞争时发现自己的不足,才能增强自己的危机感和风险意识,才能总结经验教训,取人之长,补己之短。尊重对手,就是尊重自己。

(二)课堂教学手段

1. 教学方法

课堂讲授法:通过语言进行讲解篮球比赛的流程和教学比赛中的注意事项。

比赛交流法:通过小组间的教学比赛,培养学生的竞争意识,使小组之间互相学习、互相进步,同时培养学生尊重对手的意识。

2. 课程思政融入方式

课程思政融入方式为专题嵌入式。

(三)思政元素内容

在教学比赛时融入思政元素,培养学生尊重对手的意识。在比赛中尊重对手,赛前和赛后注意礼节。篮球比赛,是队员在篮球规则的约束下进行的合理的技术运用与身体对抗。赛场上的犯规有时在所难免,但要控制在合理的范围内,否则容易造成严重后果。在比赛期间,有的队员做出伸腿绊人、使用不文明语言、垫脚等不文明行为,这是对对方的不尊重,甚至给对手造成严重伤害,都是不允许的。

在球场上,我们要给予对方足够的尊重,在合理的范围内发挥各自的技术去赢得比赛,而不是靠违反体育道德的行为去伤害对方而获益,这样即使赢了球也不光荣。赢得比赛固然重要,但也要坦然地接受失败,正如有人曾说:"体育应教会孩子如何在规则下去赢,又如何有尊严和体面地去输",这就是胜不骄败不馁。

在球场上无论何时都要学会去尊重对手,尊重裁判,这样才能以球会友,结交更多有共同爱好的朋友。同理,在生活中、在社会上要想得到别人的尊重,首先要给予对方足够的尊重,这样将来的路才会走得更宽、更稳。

三、教学反思

本节课教学中,学生出现多种不文明行为甚至是违反体育道德的犯规,这是对于对手的不尊重,容易造成严重后果。

教师担任教练与裁判工作,及时叫停比赛,进行有针对性的指正说明,纠正不良行为。在教师的指导与讲解下,学生明白尊重对手的重要性。在比赛期间,只有在相互尊重的基础上,才能更好地发挥各自的技战术水平,才会享受到体育带来的快乐。

通过本节课,不仅培养了学生的集体主义精神,也培养了学生尊重对手的意识,学生的学习兴趣高涨。今后的课堂教学过程中,作为教师应进一步加强思政元素的融入,全面提升学生的综合素质。

课程思政案例2:教学比赛(2)

一、课程概述

本节课学习篮球攻防技术。

知识目标:使学生了解进攻与防守技术方法以及该技术在比赛中的重要地位。

能力目标:通过教学比赛的练习,可以进一步掌握防守与进攻技术的运用。

思政目标:通过教学比赛的练习,培养学生奋勇拼搏、突破自我、永不言弃的精神。

课程思政教学案例
教师:王山松
扫码看视频

二、课程思政教学设计

(一)思政元素类型

本节课的课程思政元素为中华民族的传统美德——奋勇拼搏。

(二)课堂教学手段

1. 教学方法

课堂讲授法:通过语言进行讲解防守与进攻的技术要点和教学比赛中的注意事项。

完整示范法:进行完整示范,使学生形成正确防守及进攻技术动作认知。

比赛交流法:通过小组间的教学比赛,培养学生的竞争意识,使小组之间互相学习、互相督促,同时培养学生奋勇拼搏的比赛精神。

2. 课程思政融入方式

课程思政融入方式为专题嵌入式。

(三)思政元素内容

本节课的思政元素为奋勇拼搏。将奋勇拼搏意识融入课堂和比赛中,使学生在学习知识技能的同时,养成永不言弃、突破自我、奋勇拼搏的精神。在篮球攻守技术练习的过程中,将奋勇拼搏融入课堂教学中,使学生在掌握动作技能的同时培养奋勇拼搏的意志品质。通过观察发现,学生在练习过程中,出现了防守不积极、进攻队员不够强硬等问题。针对该问题,以2006年世界男篮锦标赛中国对阵斯洛文尼亚那场比赛,中国男篮奋勇拼搏,在最后一秒投进绝杀三分球的精彩一幕,启发学生理解奋勇拼搏的内涵,鼓舞学生面对学习和生活中的各种困难时,应敢于面对,勇于挑战。讲解完后,让学生们继续进行教学比赛。在后续的练习中,学生们防守积极、进攻顽强,打出了应有的气势,很好地达成了训练目标。在本节课中,教师通过启发和指导,使学生们在练习中发挥出奋勇拼搏的精神,突破自己,战胜自己。

三、教学反思

本节课比赛中,学生在防守方面表现得不够积极,没有做到努力拼抢,状态低迷。在进攻端,表现得不够强硬,过多的是单打独斗,没有发挥出团队的作用。教师担任教练与裁判工作,及时叫停比赛,针对性地进行指正说明。在教师的指导与讲解下,引入案例,启发学生在学习和生活中遇到各种困难时,应敢于面对、勇于挑战。作为一名教师,在今后的教学中要树立"育人先育己"的理念,不断挖掘、充实奋勇拼搏的内涵。

课程思政案例3:传接球技术

一、课程概述

本节课的学习内容是篮球课程中的传接球技术。

知识目标:使学生建立传接球技术的动作概念,明确传接球的动作特点、基本要求及原则,形成传接球技术的结构化知识体系。

能力目标:通过传接球技术的学习,使学生初步掌握传接球技术的动作要领、练习方法及建立正确的动作动力定型。

思政目标:通过传接球技术的学习,使学生意识到传接球技术中所蕴含的团结合作精神的价值及其重要性。

课程思政教学案例
教师:李晓明
扫码看视频

二、课程思政教学设计

(一)思政元素类型

本节课的课程思政元素为中华民族的传统美德——团结合作。

(二)课堂教学手段

1. 教学方法

课堂讲授法:通过语言讲解,使学生明确传接球的技术动作要领、基本要求及原则。

示范法:通过完整示范法、分解示范法,明确动作各个环节的基本要求,使学生形成正确的动作认知,明确动作各个环节的要求。

练习法:通过练习,使学生体验传接技术动作,进一步明确技术动作要领,同时培养学生之间的沟通与合作意识。

2. 课程思政融入方式

课程思政融入方式为隐性渗透式。

(三)思政元素内容

本节课的课程思政元素为团结合作。在学习篮球传接球技术的过程中,我们将中华民族的传统美德——团结合作——融入课堂教学中,使学生在学会传接球技术的同时,也意识到团结合作精神的价值及其重要性。该课程思政设计采用隐性渗透式,通过队员在3人八字围绕的行进间传接球过程中,出现多次传球失误、漏接球等现象为切入点,运用差错管理办法,将课程思政元素——团结合作——引入其中。传接球技术作为篮球基本技术之一,其技术动作的应用原则蕴含着深刻的团结合作精神。在实践应用过程中,传球队员需要根据场上实际情况,对接球队员进行预判,判断其移动路线、已有技术动作特征、身体素质、动作习惯等,使传球既具有提前量,又符合接球队员的个人特点。总之,要让队友接球舒服,而接球队员也需要根据来球合理处理,任何一方面出现失误都会造成合作的失败。在这一接一传之间便凸显出团结合作精神的重要性,尤其在职业篮球联赛中这种团结合作的精神表现得更为明显:一次次的传接球,将队友紧密联系在一起;每一次的传导球,将队友串联起来。通过讲解使学生明白其中所蕴含的团结合作精神,同时希望他们能够举一反三、触类旁通,将其迁移到自身的生活中、学习中。

三、教学反思

本节课的学习内容是篮球课程中的传接球技术。在学习和练习的过程中重点强调传接球的动作要求及原则,尤其是在传接球的原则方面,要求传接球队员能够根据实际情况,完成配合,这不仅需要高质量的传接球技术,更需要学生间具有团结合作的意识。同时教师也要不断地自我反思,动作的质量因可见所以容易提高,意识和精神的培养因无形所以难发掘,因此,在平时的教学中,应多采用情景化教学、启发性方法、肯定式语言,给学生以积极的情感体验,从而促进其对体育课程蕴含的教育价值自我觉察、领悟甚至迁移,使我们的体育课程思政发挥出先天的优势,也使我们思政教育落到实处,使体育课程思政不仅有润物无声的高明办法,更有于无声处听惊雷的效果。

课程思政案例4:运球技术

一、课程概述

本节课的学习内容是篮球课程中的运球技术。

知识目标:通过运球技术的学习,使学生建立运球技术的动作概念,明确运球的动作特点、基本要求。

能力目标:通过运球技术的学习,使学生初步掌握运球技术的动作要领、练习方法,建立正确的动作动力定型。

思政目标:通过运球技术的学习,使学生意识到其中所蕴含的持之以恒、追求卓越精神的价值和意义。

课程思政教学案例
教师:朱礼娜
扫码看视频

二、课程思政教学设计

(一)思政元素类型

本节课的课程思政元素为持之以恒、追求卓越。

(二)课堂教学手段

1. 教学方法

课堂讲授法:通过语言讲解,使学生明确运球技术的动作要领、基本要求及训练原则。

示范法:通过完整示范法、分解示范法,明确动作各个环节的基本要求,使学生形成正确的动作认知。

练习法:通过练习,使学生掌握运球技术动作,进一步明确技术动作要领,同时培养学生的沟通与合作意识。

2. 课程思政融入方式

课程思政融入方式为隐性渗透式。

(三)思政元素内容

本节课的课程思政元素为持之以恒、追求卓越。在学习篮球运球技术的过程中,我们将中华民族的传统美德——持之以恒、追求卓越——融入课堂教学中,使学生们在学会运球技术的同时,也意识到持之以恒与追求卓越精神的价值及意义。该课程思政设计采用隐性渗透式,通过学生在学习运球过程中出现的练习懈怠、敷衍等问题为切入点,将课程思政元素——持之以恒、追求卓越——引入其中。运球技术作为篮球基本技术之一,其动作技能的形成蕴含着深刻的道理。运球技术的养成绝非一日之功,更无立竿见影之法,除了需要正确的训练方法,更需要数年如一日的坚持,在这一拍一按之间便凸显出持之以恒、追求卓越精神的价值和意义。"骐骥一跃,不能十步;驽马十驾,功在不舍",学生虽然在身体素质、技能基础、悟性等方面参差不齐,但只要能坚守一个"恒"字,不断地追求卓越,一定会有相应的收获。推而广之,持之以恒与追求卓越精神的养成对于学生的生活和学习都大有裨益。

三、教学反思

本节课的学习内容是篮球课程中的运球技术。在学习过程中，教师重点强调运球技术的动作要领及训练方法，要求学生能够根据实际情况灵活运用该项技术。这不仅需要正确的训练方法，更需要学生课后的不懈努力。因此，如何引导学生课下自主练习显得尤为重要，这需要教师在平时的教学中，贯彻情景化教学、差异化教学的理念，给学生以积极的情感体验和价值认同，力求最大限度地发挥体育课程思政的先天优势——在学中做，在做中学，使体育课程思政的影响力由课上扩大至课下，促进学生在课下进行自主练习，为学生提供体育锻炼的原动力。

参考文献

[1] [日]近藤义行. 篮球基础与战术[M]. 赵令君，译. 北京：人民邮电出版社，2016.

[2] 刘少清. 大学体育与健康教程[M]. 北京：科学出版社，2017.

俱乐部活动

学校篮球队自成立以来，代表我校参加了第26届中国大学生篮球联赛、德州市"DBL"篮球联赛等赛事，取得了优异的成绩，既提高了学生的篮球水平，又为我校增光添彩。

2023年山东省大学生篮球锦标赛
暨第26届中国大学生篮球一、二级联赛(山东省)基层赛
山東華宇工學院
SHANDONG HUAYU UNIVERSITY OF TECHNOLOGY

山东华宇工学院
体育俱乐部
SPORTS CLUB ///////

体育俱乐部 10：排球

排球俱乐部简介

  排球俱乐部是我校大学体育课程改革后成立的第一批体育俱乐部之一，经过近几年的发展，现有学生 400 余人，其中高水平队员 30 人。俱乐部旨在普及排球运动相关知识与技能，培养学生对排球运动的兴趣，并且在健全学生人格，提高学生社会适应能力与健康水平等方面发挥着积极作用。排球俱乐部已经发展成我校广大师生非常喜爱的体育俱乐部之一，丰富了我校师生体育文化生活。

学校现有标准塑胶排球场地 2 块,气排球场 8 块,占地 2000 平方米,能够满足排球俱乐部日常教学以及训练、比赛的需要,也为我校的排球运动爱好者提供了条件优越、环境优美的锻炼空间。

指导老师简介

李继华,副教授,大学本科,毕业于天津体育学院体育教育专业,国家一级排球裁判员,排球俱乐部指导教师。主持或参与市厅级、校级课题多项,发表论文二十余篇。

体育俱乐部 10：排球

林在森，硕士研究生，毕业于首都体育学院体育教育训练学专业，主要负责排球俱乐部的教学、训练、活动、竞赛工作。

教材信息：《大学体育（AR＋慕课版）》
人民邮电出版社 ISBN 978-7-1154-5226-9
授课对象： 本科各专业
课程类型： 通识教育课程
课程性质： 必修课程
课程思政建设团队： 李继华、林在森

课程思政案例 1：教学比赛

一、课程概述

本节课学习内容是排球教学比赛相关知识。

知识目标： 通过学习排球的基本规则，对排球比赛建立初步认识。

能力目标： 通过排球教学比赛的练习，能够让大部分学生参与排球比赛。

思政目标： 通过排球教学比赛的练习，培养学生在场上尊重对手，认真打好每一次进攻与防守，共同提高、共同进步的精神品质。

二、课程思政教学设计

(一)思政元素类型

本节课的课程思政元素为尊重。

(二)课堂教学手段

1. 教学方法

课堂讲授法:通过语言进行讲解排球比赛的基本规则,以及教学比赛过程中进攻防守的具体细节。

自主训练法:通过让学生自主练习,培养学生的自我管理能力,自主进行小组组合,学会沟通与合作。

比赛交流法:通过小组间的比赛,培养学生的竞争意识,使小组之间互相学习,互相进步。

2. 课程思政融入方式

课程思政融入方式为专题嵌入式。

(三)思政元素内容

本节课的课程思政元素为尊重。在比赛中讲得最多的一句话就是:"友谊第一,比赛第二。"将尊重对手、尊重规则、尊重比赛的思想意识融入课堂教学和比赛中,使学生在提高自身排球运动水平的同时能够养成尊重的意志品质。

在教学比赛开始之前,模拟正规比赛的流程,赛前上场的双方队员在进攻线处排成一队走到球网处握手致意,然后与队友互相加油助威,开始比赛。

随着教学比赛的进行,两队的比分差距越拉越大,有优势的一队开始出现轻蔑性的语言,终于弱势队的一名学生听不下去了,便摔球离开场地,双方队员产生了纠纷。教师借机将学生集合起来,向学生强调,无论在赛场上发生什么状况,都不要无视、轻视对手甚至与对手产生矛盾。同时指出弱势队伍的问题所在,并向他们强调认真接好每一个球、打好每一个回合,同样是尊重对手的体现。通过中国女排在奥运会上的表现来举例,无论中国女排获胜与否,都能在赛后与对手笑脸相迎,握手致意。最后希望学生在今后生活中,能够做到不卑不亢,可以输了比赛,但是不能输了人品。

三、教学反思

在本节课的教学中,首先通过语言讲解排球的竞赛规则,使学生了解并掌握比赛规则,按照正规比赛流程进行,组织两队的队员在中网处握手致意。在比赛中随着比分的不断拉大,出现了不尊重对手、不尊重比赛的情况,教师进行及时的制止,防止矛盾的进一步扩大,并找出问题的根源,对学生进行思想教育,强调在比赛的过程中要鼓励队友、团结队友,同时尊重对手、尊重比赛。

通过教学比赛的形式让学生进一步感受排球的魅力,在教学比赛的过程中,不仅巩固了学生平时所学的基本技术,也培养了学生的集体主义精神,使学生学会尊重对手、尊重比赛。同时也启发了教师,在教学过程中要注意观察细节,防微杜渐,将学生的全面提高落实到每一节课中去。

课程思政案例2:正面双手垫球

一、课程概述

本节课主要内容是学习排球正面双手垫球技术。

知识目标:通过学习,让学生熟练掌握排球正面双手垫球技术。

能力目标：通过课堂学习、练习，使学生能够在掌握垫球技术的基础上合理运用该项技术。

思政目标：通过垫球技术动作的学习，培养同学不惧困难、吃苦耐劳的精神。

二、课程思政教学设计

(一)思政元素类型

本节课的课程思政元素为中华民族优秀品质——吃苦耐劳。

(二)课堂教学手段

1. 教学方法

课堂讲授法：通过语言讲解排球正面双手垫球技术的重点与难点。

完整示范法：通过完整示范，使学生形成对正确技术动作的直观了解。

重复训练法：通过重复练习，巩固学生动作的准确性，逐步形成正确的动作定型。

2. 课程思政融入方式

课程思政融入方式为专题嵌入式。

(三)思政元素内容

本节课的思政元素为吃苦耐劳。在学习排球正面双手垫球技术时，将不惧困难、艰苦训练等元素融入课堂教学，使学生在学习动作技能的同时，形成良好的吃苦耐劳意志品质。

在接扣球练习时，部分女同学在垫完球后，反映垫得手臂疼，教师利用这一情境将学生集合起来，首先分析接扣球的困难就是来球的速度快、力量大、落点低，垫这种球时既要反应快又要动作规范，还要克服垫球时手臂上的疼痛感。接着与大家分享了《夺冠》这部影片中,中国女排在训练中、赛场上展现的吃苦耐劳的意志品质。通过教师的引导,学生明白,要想快速、扎实地掌握垫球技术,就要在学习和练习中发扬积极进取、刻苦锻炼、吃苦耐劳的意志品质,体会到通过吃苦耐劳的练习与付出,从而获得收获的喜悦。最后,在练习结束时,教师鼓励学生将这种吃苦耐劳的精神贯穿到学习、生活、工作中,并且用自己的实际行动感染身边的队友及赛场上的对手。

三、教学反思

本节课的教学内容是正面双手垫球技术。在教学过程中,采用了分组练习法、讲授法、讨论法。为了能够使学生熟练掌握垫球技术,课堂上安排了接扣球技术的练习。练习中,由于扣球的球速快、力量大,学生在接球时产生了畏惧心理,垫球技术动作变形,部分学生练习的积极性有所下降,于是教师在这个环节合理利用了案例教学法和学生分享了女排精神,鼓励大家克服困难继续投入学习。教师在教法应用、练习内容难易程度等环节应科学分析学生实际情况,合理运用多种教法,对学生进行个别指导,从而提高课堂教学效果。

课程思政案例 3:排球正面下手发球技术学习

一、课程概述

本节课主要内容:排球正面下手发球技术。

知识目标:通过学习,让学生熟练掌握排球正面下手发球技术。

能力目标:通过课堂学习、练习,使学生能够在掌握发球技术的基础上,合理运用该项技术。

思政目标:通过发球技术动作的学习,培养同学们不惧困难、持之以恒的精神。

课程思政教学案例
教师：李继华
扫码看视频

二、课程思政教学设计

(一)思政元素类型

本节课的课程思政元素为持之以恒。

(二)课堂教学手段

1. 教学方法

课堂讲授法：通过语言进行讲解排球正面下手发球技术的重点与难点。

完整示范法：进行完整示范，使学生在脑海中形成对技术动作的直观了解。

重复训练法：通过开展重复练习，巩固学生发球技术的准确性，逐步形成正确的动作定型。

2. 课程思政融入方式

课程思政融入方式为专题嵌入式。

(三)思政元素内容

本节课的课程思政主题为持之以恒。在学习排球正面下手发球技术时，将不惧困难、艰苦训练等元素融入课堂教学，使学生在学习动作技能的同时，提高自己持之以恒的意志品质。

在进行发球技术学习时，在重复进行的发球技术练习过程中，让学生体会到只有通过不断地训练，克服个人惰性思想，才能在技术上得到质的提升。

在发球练习时，学生们既要反应快速又要动作规范，还要克服发球时手臂上的疼痛感，尤其是女同学的体会可能更深刻。让同学们在学习过程中体会到通过持之以恒的练习与付出，最终获得技术能力全面提升的喜悦。

三、教学反思

本节课的教学内容为排球正面下手发球技术。在学习过程中,我们遵循由简到难、循序渐进的原则,利用徒手模仿练习、击固定球练习、完整发球练习来提高同学们对发球技术的掌握程度。然而在练习过程中,随着难度的增加,学生击球时会明显感到手疼,此时,教师在与学生探讨交流的过程中鼓励全体学生,要想尽快掌握正面下手发球技术,只有通过持之以恒的练习,克服身体疲劳及畏难情绪。同时,这个学习过程也是对学生持之以恒意志品质的锻炼。

课程思政案例4:边一二进攻战术

一、课程概述

本节课内容:学习边一二进攻战术

知识目标:通过学习,让学生了解边一二进攻战术。

能力目标:通过学习、练习,能够将边一二进攻战术运用于排球比赛当中。

思政目标:培养学生在课堂学习及生活中追求卓越的意志品质。

课程思政教学案例
教师:林在森
扫码看视频

二、课程思政教学设计

(一)思政元素类型

本节课的课程思政元素为追求卓越。

(二)课堂教学手段

1. 教学方法

课堂讲授法:通过语言进行讲解边一二战术的基本内容,以及学生在各环节所要完成的任务。

自主训练法:通过让学生自主练习,培养学生的自我管理能力,自主进行小组组合,学会沟通与合作。

重复训练法:通过开展重复练习,巩固学生传、垫、扣球技术的准确性,逐步形成正确的动作定型。

2. 课程思政融入方式

课程思政融入方式为专题嵌入式。

(三)思政元素内容

本节课的课程思政主题为追求卓越。在练习边一二战术过程中,需要将基本的传垫球与扣球很好地串联起来,其中每个环节都不能出现失误,尤其对一传和二传的传垫球质量有较高要求。基于此,将拼搏进取的思想意识融入课堂教学,帮助学生在提高排球运动水平的同时养成追求卓越的意志品质。

在练习边一二战术之初,学生的一传和二传往往都不到位,从而造成4号位进攻队员没有完成扣球的基本条件,导致不能顺利完成边一二战术。教师借机指导,给学生阐明一传和二传的重要性,以及一些完成传垫球时的细节要点,并且激励学生要克服困难、直面挑战、追求卓越,努力完成每一次战术配合。

随着练习的重复进行,学生一传和二传完成的质量有了很大的提升,练习的积极性也得以提高,并且时而能够完成漂亮的进攻配合,经常会听见学生发出"好球"的感慨。

在练习结束时,将学生集合起来,向学生强调,无论在练习中遇到什么样的困难、挑战,都要追求卓越,弥补自己的不足,最终提高自身技术水平。

练习中会遇到天气炎热、场地打滑、自身失误、队友失误甚至是其他同学的嘘声等一系列的情况,我们要相信自己能够通过不服输、追求卓越的精神应对各种挑战。最后希望学生在今后学习生活中,无论遇到什么样的困难,都要坚信"世上无难事,只要肯登攀"。

三、教学反思

在本节课的教学中,首先通过语言讲解边一二战术的基本内容,使学生了解并掌握基本的练习方法,组织学生有序进行边一二战术练习。练习之初,学生多次出现失误,教师通过巡回指导和集中指导,找出问题的根源,对学生提出具体要求,激励学生追求卓越,完成战术配合。

通过边一二战术练习的形式让学生进一步感受排球的魅力。在练习的过程中,不仅巩固了学生平时所学的基本技术,也培养了学生克服困难、直面挑战、追求卓越的意志品质,同时也启发了教师在教学过程中要注意观察细节,防微杜渐,将全面提高排球技术落实到每一节课中去。

参考文献

[1] 虞重干. 排球运动教程 [M]. 北京:人民体育出版社,2009.

[2] [美]罗伯特·S.高特林. 运动损伤的预防、治疗与恢复 [M]. 高旦潇,译. 北京:人民邮电出版社,2017.

[3] 刘云民,王恒. 排球教学与训练 [M]. 哈尔滨:哈尔滨工程大学出版社,2017.

[4] 中国排球协会. 排球竞赛规则 2017—2020 [M]. 北京:人民体育出版社,2013.

俱乐部活动

近年来,排球俱乐部经过师生不断努力,积极主办"山东华宇工学院排球联赛",获得广大师生的认可。俱乐部将继续围绕一流课程建设、人才培养等核心育人环节发挥自身优势,助力学校高质量发展。

体育俱乐部 10：排球

山东华宇工学院 体育俱乐部
□ Sports Club ///////

体育俱乐部 11：乒乓球

乒乓球俱乐部简介

乒乓球俱乐部成立于 2020 年，现有教师 5 人，教授 1 人，副教授 2 人，助教 2 人，学生 500 多人，其中高水平运动员 20 余人。学生参加俱乐部学习，可以发展自身的灵敏、速度、力量等身体素质，掌握乒乓球基本技术和基本战术，熟悉其竞赛规则与方法，具备利用相应运动进行体育锻炼和体育比赛的能力。实现了"大家庭"式的大学生"多元体育、阳光体育、快乐体育"的运动模式，养成自觉锻炼身体的好习惯，达到增进身心健康、促进学习和终身体育的目的。

体育俱乐部 11：乒乓球

指导老师简介

刘瑞平(左2),教授,中共党员,毕业于沈阳体育学院,现任山东华宇工学院基础教学部主任兼体育教学部主任。在多年的教学和科研工作中业绩突出,在全国体育类核心期刊及省级刊物上共发表学术论文20余篇,1996年被评为全国高校"十佳"优秀青年体育教师和全国高校优秀青年体育教师。

陈振全(中),副教授,毕业于沈阳体育学院体育教育专业。长期从事一线体育教学工作,具有深厚的理论和实践经验。

杜兴彬(右2),副教授,博士生在读,中共党员,现任山东华宇工学院体育教学部副主任;近年来,主持或承担国家、省部级课题5项,发表论文近20篇;校级课程思政示范课程、大学体育教学改革负责人;撰写的《山东华宇工学院:学生动起来,体育课活起来》2023年1月发表于《中国教育报》。带队参加省级体育比赛,获得前三名荣誉20多项,2006年度和2010年度两次被评为校级"优秀教师",2016年度被评为校级"优秀共产党员",2021年度被评为校级"四有好教师"和"基层教学组织先进个人",2023年度被评为校级"师德学习标兵"。

张晨雨(左1),助教,中共党员,硕士研究生,毕业于云南民族大学体育专业,国家二级乒乓球运动员,主要负责乒乓球俱乐部教学、训练和竞赛等工作。

张迪(右1),助教,硕士研究生,毕业于山东师范大学体育教育训练学专业,国家一级乒乓球裁判员,主要负责乒乓球俱乐部的教学、训练工作。

体育俱乐部 11：乒乓球

> 教材信息：《大学体育（AR＋慕课版）》
> 　　　　　人民邮电出版社　ISBN 978-7-1154-5226-9
> 授课对象：本科各专业
> 课程类型：通识教育课程
> 课程性质：必修课程
> 课程思政建设团队：刘瑞平、陈振全、杜兴彬、张晨雨、张迪

课程思政案例 1：乒乓球教学比赛

一、课程概述

本节课的学习内容是乒乓球的教学比赛。

知识目标：通过单打教学比赛，掌握比赛规则、比赛方法。

能力目标：通过教学比赛，提高学生比赛中技术运用的合理性。

思政目标：通过教学比赛，培养学生拼搏进取的精神，养成尊重对手的体育道德意识。

课程思政教学案例
教师：杜兴彬
扫码看视频

二、课程思政教学设计

（一）思政元素类型

本节课的课程思政元素为体育道德精神——尊重对手。

（二）课堂教学手段

1. 教学方法

课堂讲授法：通过语言讲解乒乓球比赛流程与教学比赛中的注意事项。

比赛交流法:通过教学比赛,提高学生各项技术的掌握程度和心理素质,使学生在比赛中互相学习、加强交流,重点培养学生尊重对手的意识。

2. 课程思政融入方式

课程思政融入方式为隐性渗透式。

(三)思政元素内容

本节课思政元素为尊重对手。通过教学比赛,教师发现并及时指出个别学生有不尊重对手的表现,例如赢球之后朝对方"示威"等不文明现象。奥地利作家卡夫卡说过:"真正的对手会给你灌输大量的勇气。"尊重你的对手才能显示出品格的力量和生存的智慧。比赛和生活中出现对手、压力或磨难,不是坏事,它们给了自己压力,就等于给了自己动力。对手是一面镜子,你从他们眼中可以看见真正的自己,他们会毫不留情地指出你的缺点所在并发动猛烈的攻击,这虽然一方面威胁到了你的竞赛成绩,但在另一方面却在帮助你改正缺点、完善自我。对手就是警钟,在时刻提醒你:自满是阻碍进步的绊脚石。引导学生尊重对手,同时让学生知道尊重对手就是尊重自己,也是尊重自己热爱的运动项目。

三、教学反思

本节课授课内容是乒乓球教学比赛,首先让学生明白乒乓球比赛的基本规则,通过分组比赛的方式,让每名学生互相学习、共同进步。但教师在教学比赛前,虽详细讲解了比赛规则,却忽视了对乒乓球比赛过程中常容易出现的不文明现象的讲解,出现个别学生在比赛过程中轻视对手、朝对手"示威"的情况。通过对本次课的反思,教师认识到运动技术的学习很重要,但体育素养的培养更重要,养成尊重对手的良好习惯,健全人格是学校体育的本质功能,是学校体育"分内"之事,不是学校体育的"延伸职能";通过竞赛精神的培养,会使学生将这种竞赛精神迁移到生活和今后的工作中,学会尊重身边人。

课程思政案例 2：乒乓球俱乐部内部比赛

一、课程概述

本节课的学习内容是乒乓球俱乐部内部比赛。

知识目标：通过单打比赛，掌握乒乓球比赛规则、比赛方法。

能力目标：通过乒乓球比赛，提高学生比赛技术运用的合理性。

思政目标：通过乒乓球比赛，培养学生良好的心理素质和规则意识。

课程思政教学案例
教师：杜兴彬
扫码看视频

二、课程思政教学设计

（一）思政元素类型

本节课的课程思政元素为当代大学生法治教育的基石——规则意识。

（二）课堂教学手段

1. 教学方法

课堂讲授法：通过语言讲解乒乓球发球方法和规则要求。

比赛练习法：通过比赛，培养学生的规则执行能力。

案例法：通过讲解奥运会乒乓球比赛案例，树立学生遵守规则的意识，养成自主遵守比赛规则的运动习惯。

2. 课程思政融入方式

课程思政融入方式为隐性渗透式。

（三）思政元素内容

本节的课程思政元素为规则意识。在进行乒乓球单打比赛中发现个别学生违规发球，并通过讲解与优生示范正确发球动作，将良好规则习惯的养成融入课堂教学中,使学生在学习运动技能的同时树立遵守乒乓球规则、遵守校规、遵守社会公德、遵守法律的意识。

高校学习阶段是学生世界观、人生观、价值观形成的重要时期,是培养学生规则意识的关键时期,也是学校教育体系为社会输出人才的重要一环。任何一门学科的教育都不能只满足于本学科单一知识的教学,在做好本学科专业知识传授的同时,还应该把育人作为终极目标。学生只有逐渐养成遵守规则的意识和习惯,才能严格要求自己并影响他人,成为德智体美劳全面发展的人,为社会发展贡献价值。

三、教学反思

本节课是乒乓球俱乐部内部比赛,通过比赛,观察学生的表现,发现个别学生有违规发球的现象,究其主要原因是对比赛规则认识程度不够,因而在上课时,既要讲解技术动作,还要重视比赛规则的讲解,强化学生对乒乓球比赛规则的认识,使学生明白,体育运动技能的学习必须要有技术规范的要求,比赛正常进行也要有比赛规则的保障,进而使学生更深入地认识到社会有序发展更离不开每个人对社会规则、法律的严格遵守。在引入奥运会比赛中乒乓球发球违规案例的基础上,进一步强化学生的规则意识。

课程思政案例3:正手攻球技术

一、课程概述

本节课的学习内容是乒乓球项目中的正手攻球技术。

知识目标:通过讲授与练习,使学生逐步掌握乒乓球正手攻球技术,认识到该技术的重要性。学生可以用自己的语言进行技能描述,并明确技术动作要领,掌握动作方法与标准,激发学生对乒乓球运动的学习兴趣。

能力目标:使学生掌握乒乓球的正手攻球技术,培养学生发现、思考问题和解决问题的能力,从学习中体会体育锻炼的价值。

思政目标：培养学生追求卓越、吃苦耐劳的体育精神。通过正手攻球练习,不断强化对技术动作的要求,体会乒乓球技术稳、准、韧、精的特点,领会乒乓球运动员的精益求精、突破自我的精神。

课程思政教学案例
教师：张迪
扫码看视频

二、课程思政教学设计

(一)思政元素类型

本节课的课程思政元素为追求卓越。

(二)课堂教学手段

1.教学方法

发现式教学法：教师创设正手攻球动作容易产生的问题情境,使学生按照教师的要求,带着问题去探索,通过反复的练习,掌握正手攻球的原理方法。

完整与分解法：通过完整与分解动作练习,使学生掌握动作正确发力方式。

榜样激励法：通过树立正能量榜样,引导学生向优秀学生学习,强化自身学习状态。

2.课程思政融入方式

课程思政融入方式为隐性渗透式。

(三)思政元素内容

本节课的课程思政元素为追求卓越。对于初次接触乒乓球运动的学生,记住技术动作并且能够在练习中完成该技术动作是同学们的首要难题;对于有一定基础的学生,能够重复同一个动作,细抠每个细节,达到精益求精,亦是一个难题。学生对乒乓球有浓厚的兴趣,对乒乓球的关注度比较高。因此,在本次课堂教学中,分三个环节讲解动作要领,让学生体会正手攻球中身体与手臂协调发力。组织两名学生进行训练对比:一名学生认为自己能够完全掌握现在所学的技术,学习正手攻球不具有挑战性,在训练中敷衍了事;另一名学生严格要求自己,不断精益求精,挑战自我。最后让两名学生进行比赛,引出获胜者在课下不断精进自己的技术,在已有的技术基础上不断突破自我,追求卓越,从而鼓励其他学生向获胜者学习,将更高、更快、更强的体育精神融入平时的课程。

三、教学反思

本节课的学习内容为乒乓球课程中正手攻球技术,以学生为中心,通过语言讲解、分解动作示范、完整动作示范,让学生清晰动作要领,组织两人一组进行动作巩固练习,学生的正手攻球技术得到了一定的提升。以乒乓球理论和实践为平台,将课程思政融入乒乓球的教学过程,使无形的价值观教育与有形的专业技能教育相融合。通过两名学生训练状态、比赛结果对比,使学生意识到不断突破自我、精益求精的重要性,从而培养学生追求卓越的意识,并提高学生的学习兴趣和热情,激发学生的内在学习需求,点燃学生对于乒乓球课程的热爱。

课程思政案例4:教学比赛

一、课程概述

本节课的学习内容是乒乓球项目教学比赛。

知识目标:通过教学比赛掌握乒乓球单打比赛的规则和比赛方法,了解比赛流程,激发学生对乒乓球运动的学习兴趣。

能力目标:使学生能够将学习的技战术在比赛中合理运用,培养学生发现、思考问题和解决问题的能力,从学习中体会体育锻炼的价值。

思政目标：在教学比赛中培养学生尊重对手的意识和勇于拼搏、敢于争先的体育精神。

课程思政教学案例
教师：张晨雨
扫码看视频

二、课程思政教学设计

(一)思政元素类型

本节课的课程思政元素为中华民族优秀品质——尊重对手。

(二)课堂教学手段

1. 教学方法

发现式教学法：教师创设比赛过程中容易产生的问题情境，使学生按照教师的要求，带着问题去探索。

榜样激励法：通过树立正能量榜样，引导学生"见贤思齐焉"，使学生在榜样行为模仿学习上强化自身的学习状态。

比赛交流法：通过比赛的方式，提高学生运用各项技术动作的熟练程度和心理素质，使学生在比赛中相互交流、相互学习，同时提高学生尊重对手的意识。

2. 课程思政融入方式

课程思政融入方式为隐性渗透式。

(三)思政元素内容

本节课的课程思政元素为尊重对手。通过教学比赛的方式进行授课。在练习过程中，因为两队队员在之前交过手，获得胜利的一队认为在这一次比赛中也能够轻松赢得胜利，所以并不把即将开始的比赛放在心上，甚至在比赛中也并没有尊重对手，也不认真对待比赛，而是以玩笑的态度；另一队则是在比赛过程中尊重对手,认真遵守比赛规则和对待比赛,即便曾经失败也并没有自暴自弃,所以在本次比赛中获得了胜利。而本次输球的队员在对方前来握手时表现得十分不耐烦,没有理睬对方转身离开。对于出现的情况,在该场比赛结束后,教师立即将所有学生集合,指出了其中一队队员不尊重对手的态度,同时向学生举例:在混双比赛中国队对阵斯里兰卡队中,斯里兰卡队并没有因为自己国家刚刚才从战争中恢复正常的生活而没有充分训练而自暴自弃,而是奋力拼搏;中国队的两名队员也表现出了足够的尊重和敬佩,在比赛中认真对待每一个球。通过这个案例引发学生的共鸣,引导学生认识到尊重对手的重要性,从而让学生明白尊重对手就是尊重自己,也是尊重自己所热爱的体育项目,提高学生学习的积极性,培养学生对乒乓球运动的兴趣和热情。

三、教学反思

本节课的学习内容为乒乓球教学比赛。首先通过语言讲解和示范帮助学生了解乒乓球比赛中的基本规则,利用分组练习的方式,组织学生进行教学比赛,使学生能够熟练运用所学习的技术动作,对竞赛规则有更加深入的理解。但是教师在授课过程中只注重竞赛规则的讲解,而忽视了加强学生尊重对手、遵守规则的意识,造成了比赛中轻视对手、以玩笑的态度对待比赛的现象出现。经过本次的教学比赛课程也帮助我认识到教学比赛的练习目的不仅是让学生更好地运用所学的技术动作,提高技术水平,更重要的是要在比赛中尊重对手,不论对方的水平如何,都应该认真对待。提高尊重对手、遵守规则的意识,以乒乓球理论和实践为平台,将课程思政融入教学过程中,使无形的价值观教育与有形的专业技能教育相融合,提高学生的学习兴趣和热情,激发学生的内在学习需求。

课程思政案例5：反手推挡技术

一、课程概述

本节课的学习内容是乒乓球项目中的反手推挡技术。

知识目标：使学生可以用自己的语言进行推挡球技能描述，能够明确技术动作的要领，掌握动作方法与标准，激发学生对乒乓球运动的学习兴趣。

能力目标：使学生掌握乒乓球的反手推挡技术，培养学生发现、思考问题和解决问题的能力，从学习中体会体育锻炼的价值。

思政目标：培养学生强烈的家国情怀和勇于拼搏、敢于争先的体育精神。学生通过了解"国球"的由来，体会乒乓精神的内涵；通过学习反手推挡技术，感受乒乓球技术稳、准、韧、精的特点，体会乒乓球运动员的工匠精神、奋斗精神。

课程思政教学案例
教师：杜兴彬
扫码看视频

二、课程思政教学设计

（一）思政元素类型

本节课的课程思政元素为中华民族优秀品质——民族荣誉感。

（二）课堂教学手段

1. 教学方法

发现式教学法：教师创设反手推挡技术动作中容易产生的问题情境，使学生按照教师的要求，带着问题去探索。

榜样激励法：通过树立正能量榜样，引导学生"见贤思齐焉"，使学生在榜样行为模仿学习上强化自身的学习状态。

多形式练习法：采用集体、小组、个人等形式进行反手推挡技术动作练习，提高学生对动作的了解程度。

2. 课程思政融入方式

课程思政融入方式为隐形渗透式。

（三）思政元素内容

本节课的课程思政元素为民族荣誉感。对于初次接触乒乓球运动的学生来说，记住技术动作并且能够在练习中完成该技术动作是学生的首要难题。学生对乒乓球有浓厚的兴趣，关注度比较高，也有一定的了解。因此，在本次课堂教学中，教师引入大量的乒乓球经典比赛（奥运会、世锦赛等）、经典事件（小球转动地球）等，让学生在真实的案例中感受乒乓球的魅力，培养学生强烈的民族荣誉感。以民族荣誉感思政元素为切入点，教师通过向学生介绍乒乓球的基本理论知识，特别是"国球"的由来，让学生了解乒乓球在中国的历史地位，自然融入民族荣誉感的思政元素；讲解反手推挡技术的动作规范、精准落点，引入乒乓球运动员为了国家荣誉，苦练球技，用实际的例子阐述爱国主义，引起学生的共鸣。同时通过优秀教师积极参与乒乓球运动的真实事例，提高学生学习的积极性，培养学生对乒乓球运动的兴趣和热情。

三、教学反思

本节课的学习内容为乒乓球课程中反手推挡技术。语言讲解、动作示范和教师领做让学生熟悉动作要领，随后让学生自主练习进行动作巩固。以乒乓球理论和实践为平台，将课程思政融入教学过程中，使无形的价值观教育与有形的专业技能教育相融合，提高学生的学习兴趣和热情，激发学生的内在学习需求，点燃学生对于乒乓球课程的热情。通过学生在课堂自主练习时的亲身实践，感受精确落点的难度，从而体会到乒乓球运动员精益求精的精神，以及为国家荣誉而战的自豪感和责任感，进一步使学生在学习中感受为民族争光的民族荣誉感，提升了学生对乒乓球的学习兴趣，圆满完成了课堂的学习任务，达到了本节课的教学目标。

课程思政案例6：正手攻球、反手推挡技术

一、课程概述

本节课的学习内容是乒乓球项目中的正手攻球、反手推挡技术。

知识目标：学习正手攻球、反手推挡球技术，用自己的语言进行技能描述，能够明确技术动作的要领，掌握动作方法与标准，激发学生对乒乓球运动的学习兴趣。

能力目标：学生基本能够掌握乒乓球的正手攻球和反手推挡技术，培养学生发现、思考问题和解决问题的能力，从学习中体会体育锻炼的价值。

思政目标：培养学生尊重教师、尊重他人的意识品质，在生活中和学习中践行尊重教师的理念，同时对每位与自己有关的体育教师都能有一定的了解，能够感受尊重教师和尊重他人带来的良好心理体验。

课程思政教学案例
教师：杜兴彬
扫码看视频

二、课程思政教学设计

（一）思政元素类型

本节课的课程思政元素为尊师重道。

（二）课堂教学手段

1. 教学方法

发现式教学法：教师创设正手攻球、反手推挡技术动作中容易产生的问题情境，使学生按照教师的要求，带着问题去探索，通过反复的练习，掌握正手攻球、反手推挡技术的原理方法。

完整与分解法：通过完整与分解动作练习，使学生掌握动作正确的发力方式。

榜样激励法：通过树立正能量教师榜样，引导学生学习优秀教师的优良品质，使学生在榜样行为模仿学习上强化自身学习状态。

多形式练习法：采用集体、小组、个人等形式进行正手攻球、反手推挡技术动作练习，提高学生对动作的了解程度。

2. 课程思政融入方式

课程思政融入方式为隐性渗透式。

(三)思政元素内容

本次课程的思政元素为尊师重道。学生通过了解优秀体育教师默默无闻、无私奉献的事例，认识到体育教师也与其他学科教师在本质上是相同的，都怀着一份热忱之心对待教育事业，对待每一名学生。学生能够深刻认识到教师的甘愿牺牲精神，从而了解和体会到传统中华文化精神中尊师重道的内涵；通过学习正手攻球和反手推挡技术，感受乒乓球技术稳、准、韧、精的特点，体会乒乓球运动员的工匠精神、奋斗精神。

三、教学反思

本节课的学习内容为乒乓球课程中的正手攻球、反手推挡技术。通过语言讲解、动作示范和教师领做让学生熟悉动作要领，随后让学生自主练习进行动作巩固。以乒乓球理论和实践为平台，将课程思政融入教学过程中，使无形的价值观教育与有形的专业技能教育相融合。通过此次课程，学生能够做到尊重教师、尊重他人，能够在课程中践行尊师重道的理念。同时本课有效地提高学生的学习兴趣和热情，激发学生的内在学习需求，点燃学生对于乒乓球课程的热情。通过在课堂自主练习时的亲身实践，感受精确落点的难度，体会到老师在课程中的重要性。本节课程中圆满完成了课堂的学习任务，达到了教学目标。

参考文献

[1] 袁守龙. 大学体育与健康(图解示范＋视频指导) [M]. 北京：人民邮电出版社，2021.

[2] 马春燕，雷耀方. 大学体育（AR＋慕课版）[M]. 北京：人民邮电出版社，2017.

[3] 肖树新. 乒乓球[M]. 北京：北京师范大学出版集团，2000.

俱乐部荣誉

乒乓球俱乐部成立至今，全体成员在自觉服务和服从学校工作大局的前提下，积极参加、组织校级乒乓球赛事，不断为学校体育事业的发展贡献力量，多次承办校级比赛，以竞赛为主线，培养和造就学生的团队意识、竞争意识和集体荣誉感。无赛不成体育，竞赛是激发学生体育锻炼的内生动力。俱乐部充分给予了热爱乒乓球运动的学生展示个性能力、提高技能水平的机会，因热爱而相聚，因梦想而前行，始终愿为乒乓球运动爱好者服务。

山东华宇工学院
体育俱乐部
□ SPORTS CLUB ///////

体育俱乐部 12：羽毛球

羽毛球俱乐部简介

　　羽毛球俱乐部是我校成立较早，发展较为成熟的俱乐部之一，是基于羽毛球教学活动而向课堂外延伸、拓展俱乐部功能的组织。其最大限度地展示了教学效果，充分地调动和利用羽毛球项目的资源为全校师生提供服务。

　　俱乐部现有标准羽毛球场地 9 片，指导教师 3 名，成员 400 余人，高水平训练队队员 21 人。指导教师利用课余时间为俱乐部成员和高水平训练队队员提供专业的指导与训练，同时也为全校热爱羽毛球运动的师生提供交流的平台，为我校羽毛球运动的发展贡献一分力量。

体育俱乐部12：羽毛球

指导老师简介

薛鹏，体育教研室副主任，硕士研究生，讲师，2020年度山东华宇工学院"优秀青年教师"。

李万众，讲师，硕士研究生，毕业于聊城大学体育学院，山东省初级羽毛球社会体育指导员，山东省初级羽毛球教练员。2023年山东省高校"校长杯"羽毛球比赛40岁以下男子单打第三名。

邓亚南，助教，硕士研究生，毕业于沈阳体育学院运动训练专业，国家一级羽毛球裁判员，国家初级职业资格教练员（羽毛球）。现为山东华宇工学院体育教学部教师，主要负责羽毛球教学、训练、活动和竞赛工作。

教材信息：《羽毛球运动教学与训练教程（第2版）》
清华大学出版社 ISBN 978-7-3025-1876-1

授课对象：本科各专业

课程类型：通识教育课程

课程性质：必修课程

课程思政建设团队：李万众、薛鹏、邓亚南

课程思政案例1：反手发网前球技术

一、课程概述

本节课的学习内容是羽毛球反手发网前球技术。

知识目标：学习羽毛球反手发网前球技术，初步掌握反手发网前球的技术动作方法。

能力目标：通过反手发网前球动作的练习，发展学生的协调、灵敏等素质。

思政目标：使学生掌握反手发网前球技术，了解反手发球规则，增强规则意识。

课程思政教学案例
教师：李万众
扫码看视频

二、课程思政教学设计

（一）思政元素类型

本节课的课程思政元素为当代大学生法治教育的基石——规则意识。

（二）课堂教学手段

1. 教学方法

课堂讲授法：通过语言讲解反手发网前球技术的动作要领与重、难点。

完整示范法：通过完整动作示范，使学生形成正确的技术动作概念。

案例法：通过讲解优秀羽毛球运动员比赛过程中发球违例的案例，提示学生羽毛球反手发球规则的重要性，增强学生规则意识。

练习法：通过对反手发网前球技术的不断练习，不断打磨，让学生的动作技术得到提升。

2. 课程思政融入方式

课程思政融入方式为隐性渗透式。

(三)思政元素内容

本节课思政元素为规则意识。本节课讲授反手发网前球技术,在练习中发现有两位同学明显存在发球违例现象,违反了反手发球规则,并通过让两位同学示范的方式指出是哪种发球违例,在要求他们改正的同时找其他同学做正确示范。此外还列举了我国优秀羽毛球运动员在国际大赛中因多次发球违例导致输球的真实案例,让学生了解到遵守规则的重要性,羽毛球发球规则对于每个参与羽毛球运动的人来说是平等的,违反规则就会付出一定的代价,同时将规则延伸到我们的日常生活中,小到校规校纪,大到法律法规都需要认真遵守,以此来增强学生规则意识。

三、教学反思

本节课以学生为中心,通过课堂讲授、完整示范等教学方法,对学生反手发网前球技术进行规范要求,通过对学生错误动作纠错以及优秀生展示、讲解优秀羽毛球运动员的真实案例,进一步规范基本技术,增强规则意识。本节课学生学习兴趣浓厚、态度积极,部分学生在练习过程中不注重发球细节,违反了反手发球规则,同时发球质量有待进一步提高。通过本次教学活动,我对教学有了进一步的认识,我认为体育教学不仅要让学生掌握好技术,更要了解规则,最重要的是通过教学达到身心全面发展的目的。因此在以后的教学中应多从学生角度出发,丰富教学组织设计形式,优化教学内容,使学生的学习效果更上一层楼。

课程思政案例2:教学比赛(1)

一、课程概述

本节课的学习内容是羽毛球教学比赛。

知识目标:使学生了解羽毛球比赛流程,熟知羽毛球竞赛规则。

能力目标：通过教学比赛，提高学生技战术水平、比赛能力及良好的身体素质。

思政目标：通过教学比赛，培养学生尊重对手的意识。

课程思政教学案例
教师：李万众
扫码看视频

二、课程思政教学设计

（一）思政元素类型

本节课的课程思政元素为中华民族传统美德——尊重对手。

（二）课堂教学手段

1. 教学方法

课堂讲授法：通过语言讲解羽毛球比赛流程与教学比赛中的注意事项。

比赛交流法：通过教学比赛，检验学生对各项技术的掌握程度，使其在比赛中互相学习、共同进步，同时培养学生尊重对手的意识。

2. 课程思政融入方式

课程思政融入方式为隐性渗透式。

（三）思政元素内容

本节课的课程思政元素为尊重对手。通过教学比赛的方式进行授课，在练习过程中，发现即将比赛的两队队员之前有过对阵，其中曾经输球的一组好胜心特别强，铆足了劲想拿下这场比赛，而另一组队员因为之前战胜过这两名队员，内心非常骄傲，不把即将开始的比赛放在心上。比赛过程中，出现了赢球之后朝对方示威的球场不文明现象，比赛结束后，输球的一方在对方主动过来握手时并没有理睬，而是扭头走向了裁判。教师在本场比赛结束之后及时将所有学生集合起来，指出了这场比赛两队队员出现的不尊重对手的现象,并向学生列举了某优秀羽毛球运动员在2013年世锦赛决赛中,主动上前询问因伤退赛的对手的伤情,并帮助医护人员将其抬上担架的真实案例。该运动员的做法不仅尊重了对手,更获得了对手、观众的尊重。通过这个案例来引导学生懂得尊重对手的重要性,同时让学生知道尊重对手就是尊重自己,尊重自己热爱的运动项目。

三、教学反思

本节课授课内容是教学比赛,首先让学生掌握羽毛球比赛的基本规则,通过分组比赛的方式,让每位学生能够通过教学比赛,互相学习、共同进步。但教师在教学比赛前,只讲解了比赛规则,对于羽毛球比赛过程中常出现的几种不文明现象并没有向学生明确说明,这也造成了另一组学生在比赛过程中出现轻视对手、朝对手示威、赛后不握手等不尊重对手的现象。通过本次教学活动,我有了进一步的认识,我认为教学比赛不仅是让学生掌握好技术,更重要的是要学会尊重对手,无论对手技术如何,都要养成尊重对手的良好习惯,提升尊重裁判、尊重对手、遵守规则的意识。在今后的教学中还应注重对学生意志品质的培养,使学生的学习效果更上一层楼。

课程思政案例3:教学比赛(2)

一、课程概述

本节课的学习内容是羽毛球教学比赛。

知识目标:使学生了解羽毛球比赛流程,熟知羽毛球竞赛规则。

能力目标:通过教学比赛,提高学生技战术水平、比赛能力及良好的身体素质。

思政目标:通过教学比赛,培养学生尊重对手的意识。

课程思政教学案例

教师：薛鹏

扫码看视频

二、课程思政教学设计

(一)思政元素类型

本节课的课程思政元素为中华民族传统美德——尊重对手。

(二)课堂教学手段

1.教学方法

课堂讲授法：通过语言讲解羽毛球比赛流程与教学比赛中的注意事项。

比赛交流法：通过教学比赛，检验学生对各项技术的掌握程度，使学生在比赛中互相学习、互相进步，同时培养学生尊重对手的意识。

2.课程思政融入方式

课程思政融入方式为隐性渗透式。

(三)思政元素内容

本节课思政元素为尊重对手。通过教学比赛的方式进行授课，在比赛过程中，我们可以看到学生的竞技精神。羽毛球比赛具有竞技性，需要参赛者具备奋勇拼搏、永不放弃的精神，鼓励他们在面对困难时勇往直前，不断提升自己的能力和水平。比赛中，双方队员将球打到对方身上之后，均立刻向对手举手以表歉意。比赛结束后，双方均走向了裁判进行握手。这都体现了学生的文明礼仪习惯和良好的行为规范，展现了他们的道德素质和社会责任感。教师在本场比赛结束之后及时将所有同学集合起来，指出并表扬了比赛双方出现尊重对手的行为。通过教学比赛培养学生的自我意识和自我挑战精神，鼓励他们在学习和生活中不断挑战自己，追求卓越；鼓励他们在面对困难时勇往直前，不断提升自己的能力和水平；引导学生尊重对手，同时让学生知道尊重对手就是尊重自己，尊重自己热爱的运动项目。

三、教学反思

本节课授课内容是教学比赛,首先让学生明白羽毛球比赛的基本规则,通过分组比赛的方式,让每位同学能够通过教学比赛,互相学习、互相进步。在羽毛球比赛过程中,出现了尊重对手,尊重裁判,敢于拼搏的体育精神。通过本次教学活动,我有了进一步的认识,我认为教学比赛不仅是让学生掌握好技术,更重要的是要学会尊重对手,无论对手技术如何,都要养成尊重对手的良好习惯,提升尊重裁判、尊重对手、遵守规则的意识,培养学生的规则意识和纪律观念,让他们明白在比赛中遵守规则的重要性,进而引导他们在日常生活中遵守社会规则和法律法规。在今后的教学中还应注重对学生意志品质的培养,鼓励他们在学习和生活中不断挑战自己,提高学生的羽毛球技能和竞技水平,促进他们全面发展,培养出更多具备良好综合素质的人才。

课程思政案例4:复习全场步法

一、课程概述

本节课的学习内容是复习全场步法。

知识目标:学生能够熟练掌握全场步法动作要领、练习方法。

能力目标:学生通过自主性、探究性学习和教师讲解示范,提高专项素质。

思政目标:培养学生顽强拼搏、吃苦耐劳的精神,引导学生养成良好的运动习惯。

课程思政教学案例
教师:李万众
扫码看视频

二、课程思政教学设计

(一)思政元素类型

本节课的课程思政元素为养成良好的运动习惯。

(二)课堂教学手段

1. 教学方法

课堂讲授法:通过语言讲解全场步法的动作要领与重、难点。

完整示范法:通过完整动作示范,使学生形成正确的技术动作概念。

练习法:学生通过不断练习,逐渐熟练羽毛球全场步法,使基本步法在练习过程中得到提升。

2. 课程思政融入方式

课程思政融入方式为隐性渗透式。

(三)思政元素内容

本节课的课程思政元素为养成良好的运动习惯。我国著名教育家叶圣陶先生认为教育就是要养成良好习惯。在体育课堂上,培养学生良好的运动习惯,对提高课堂教学效果,培养学生终身体育能力,促进学生身心健康发展有着重要的意义。本节课教师主要带领学生复习羽毛球全场步法。为了让学生能够在运动中养成良好的运动习惯,教师从准备活动、羽毛球全场步法的练习、放松活动三部分入手,带领学生进行规范的热身、练习与放松,同时向学生举例讲述羽毛球全场步法的重要性。

三、教学反思

本节课以学生为中心,通过课堂讲授、完整示范等教学方法,对学生全场步法进行规范要求。授课中,教师亲自带领学生进行准备活动、全场步法的练习、放松活动,同时对学生强调高质量、高标准完成动作的重要性,以此来引导学生良好运动习惯的养成。本节课上,学生学习兴趣浓厚、态度积极,因为身体素质的差异,部分学生在动作的完成上还有待提高。通过本次教学活动，我有了进一步的认识，我认为体育教学不仅要让学生掌握好技术，更要使学生树立终身体育的思想，培养学生良好的运动习惯。因此在以后的教学中应多从学生角度出发，丰富教学设计形式，优化教学内容，使学生的学习效果更上一层楼。

课程思政案例5：全场步法和全场多球

一、课程概述

本节课主要内容是全场步法训练和全场多球训练。

知识目标：通过训练，让学生熟练掌握全场步法和全场多球的动作要领。

能力目标：通过全场步法和全场多球训练，使学生能够在比赛中合理运用步法，提高在比赛中技战术意识和应用能力，更好地掌控比赛的主动权。

思政目标：通过练习全场步法和全场多球，培养学生努力拼搏、吃苦耐劳的意志品质。

课程思政教学案例
教师：邓亚南
扫码看视频

二、课程思政教学设计

（一）思政元素类型

本节课的课程思政元素为中华民族优秀品质——吃苦耐劳。

(二)课堂教学手段

1. 教学方法

课堂讲授法:通过语言讲解全场步法和全场多球的动作要领和重、难点。

练习法:通过练习全场步法和全场多球,培养学生场上的战术意识和技术水平。

案例教学法:通过讲解我国优秀羽毛球运动员刻苦训练的案例,培养学生在练习中吃苦耐劳、努力拼搏的精神。

2. 课程思政融入方式

课程思政融入方式为隐性渗透式。

(三)思政元素内容

本节课的思政元素为吃苦耐劳。本节课授课内容是全场步法和全场多球。在全场步法和全场多球的训练过程中,培养学生吃苦耐劳的精神。全场步法训练需要反复进行跨步、垫步、交叉步等动作,需要学生不断地调整脚步,去迎击来球。在这个过程中,学生需要具备耐心和毅力,不怕辛苦,不怕疲劳,不断地进行重复练习。在全场多球训练中,学生需要不断地接住对方的发球,并尽快地移动到另一半场地准备接对方的回球。这个过程需要学生具备高度的体能和耐力,进行高强度的训练才能达到要求。同时,全场步法和全场多球训练也需要学生不怕失败、不怕困难的精神。

三、教学反思

本节课的教学内容为全场步法和全场多球训练。在教学过程中需要考虑到学生水平的差异,不要过于简单或过于复杂。过于简单的内容会让学生感到无聊,而过于复杂的内容则会让学生感到困难和挫败。因此,需要根据学生的实际情况来制订合适的训练计划。在进行全场步法和全场多球训练时,需要关注学生是否具备吃苦耐劳的精神。这种训练不仅需要学生进行高强度的身体训练和重复性的动作练习,还需要学生具备坚韧不拔的精神和坚持不懈的品质。若发现学生存在怕苦怕累的情况,需要及时进行思想教育和技术指导,以便帮助学生更好地克服困难。全场步法和全场多球训练比较枯燥和单调,因此需要采取措施来激发学生的兴趣。可以通过游戏化的方式来增加训练的趣味性,也可以通过表扬和鼓励等方式来增加学生的自信心和动力。在今后的教学训练中,还需不断地进行反思,不断总结经验教训,以便更好地提高教学质量和效果。

参考文献

[1] 陈治. 现代羽毛球技术教学与训练[M]. 郑州:河南大学出版社,2014.

[2] 杨敏丽. 羽毛球教学与训练[M]. 北京:北京体育大学出版社,2012.

俱乐部荣誉

羽毛球俱乐部荣誉墙

序号	项目	名次	学生姓名	比赛
1	女子单打	第一名	陈欣宇	2021年德州市大学生羽毛球锦标赛
2	女子单打	第三名	于梦越	
3	男子单打	第三名	王子奇	
4	男子单打	第五名	司刚刚	
5	男子单打	第五名	李卫宇	
6	男子单打	第五名	李正淼	
7	男子单打	第五名	王浩	
8	女子单打	优秀运动员	陈欣宇	山东省第二十六届大学生运动会羽毛球比赛
9	女子单打	第七名	陈欣宇	

近年来,羽毛球俱乐部高水平训练队经过长期训练,积极参加各级各类比赛,并取得优异成绩。俱乐部指导教师李万众荣获2023年山东省高校"校长杯"羽毛球比赛(40岁以下组)男子单打第三名;我校学生陈欣宇荣获山东省第十六届大学生运动会女子单打第七名;2021年德州市大学生锦标

赛上,我校荣获女子单打(非专业组)第一名、第三名,男子单打(非专业组)第三名的成绩;2023年德州市大学生锦标赛上,我校羽毛球高水平训练队取得甲(非专业组)、乙(专业组)两个组别八个单项中六项冠军,所有参赛选手全部进入八强,为学校争得荣誉。

山东华宇工学院
体育俱乐部
SPORTS CLUB ///////

体育俱乐部 13：网球

网球俱乐部简介

  网球俱乐部成立于 2021 年，为我校体育俱乐部之一，现有学生 300 余人，目的是传授网球相关知识，培养学生对网球运动的兴趣，普及网球知识与技能，提高学生社会适应能力。在课堂教学之余，组织学生积极开展体育活动，丰富我校体育文化生活，参加校外各种比赛，开阔学生视野。俱乐部给学生提供家的感觉，让学生充分享受网球的快乐，并在快乐中进步。在网球教学过程中，我们因网球相识，因网球相聚，在这里放飞我们的梦想！

  学校现有标准塑胶网球场地 3 块，占地 2000 平方米，能够满足网球俱乐部日常教学、训练以及比赛的需要。在网球场上学生挥洒汗水，享受乐趣，体验网球的魅力。在这里释放他们的激情，放飞他们的梦想！

体育俱乐部 13：网球

指导老师简介

焦振超，毕业于临沂大学体育教育专业，主要负责网球俱乐部教学、训练、活动、竞赛等工作。获得过 2015 年、2016 年德州市网球比赛冠军，并多次担任德州市网球比赛主裁判。

隋涛，硕士研究生，毕业于沈阳体育学院运动训练专业，主要负责网球俱乐部教学、训练、活动、竞赛等工作，曾多次参与沈阳市网球比赛裁判工作。

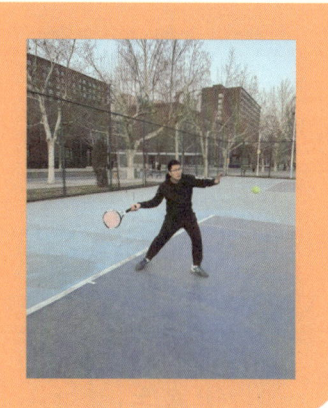

教材信息：《网球》
高等教育出版社 ISBN 978-7-0402-9000-4
授课对象：本科各专业
课程类型：通识教育课程
课程性质：必修课程
课程思政建设团队：焦振超、隋涛

课程思政案例 1：发球技术

一、课程概述

本节课的学习内容是网球发球技术。

知识目标： 学习网球上手发球技术，初步掌握发球的技术动作方法。

能力目标： 通过发球动作的练习，发展学生的协调、灵敏等素质。

思政目标： 通过学习使学生掌握上手发球技术，了解发球规则，增强规则意识。

课程思政教学案例
教师：焦振超
扫码看视频

二、课程思政教学设计

（一）思政元素类型

本节课的课程思政元素为当代大学生法治教育的基石——规则意识。

（二）课堂教学手段

1. 教学方法

课堂讲授法：通过语言讲解网球发球重点与难点。

完整示范法:通过完整动作示范,使学生形成正确的技术动作概念。

案例法:通过讲解专业运动员的比赛案例,使学生了解发球的重要性,提升学生的规则意识。

比赛练习法:通过比赛实践,帮助学生熟悉规则,并使学生在比赛过程中切身感受规则的重要性。

2.课程思政融入方式

课程思政融入方式为隐性渗透式。

(三)思政元素内容

本节课的课程思政元素为规则意识。在比赛过程中,有同学不满裁判对自己判脚误,表示:"对方并没有意见,为什么要判罚?"这一行为违反了网球发球规则。老师根据这一现象将规则意识融入课堂:讲解任何一只脚触及端线或端线内的场地则为脚误,比赛规则是我们在比赛中必须遵守的。包括场地上的球网我们不能拽、不能倚、不能随便搭衣服,都是一种规则的体现,以及交通规则和国家颁布的法律法规都是我们需要遵守的,并且我们学校的校训就是"不以规矩,不成方圆",也在时刻提醒我们要养成遵守规则的意识。在老师讲解之后,学生在练习的过程中时刻注意自己在发球时不要出现违例行为,不仅仅提高了技术,也培养了学生的规则意识。

三、教学反思

本节课以学生为中心,通过课堂讲授、完整示范等教学方法,对学生发球技术进行规范要求,通过对错误动作纠错以及优秀生展示、教师动作示范纠正学生动作,增强学生规则意识。本节课学生学习兴趣浓厚、态度积极,部分同学在练习过程中不注重发球细节,违反了发球规则,同时发球质量有待进一步提高。通过本次教学活动,我对教学有了进一步的认识,我认为体育教学不仅要让学生掌握好技术,更要了解规则,最重要的是通过教学达到身心全面发展的目的。因此在以后的教学中应多从学生角度出发,丰富教学组织设计形式,优化教学内容,使学生的学习效果更上一层楼。

课程思政案例2:双打战术配合

一、课程概述

本节课的学习内容是网球双打战术配合。

知识目标:使学生建立基本战术配合概念,了解战术配合的作用,掌握双打战术配合。

能力目标:通过双打战术配合的练习,培养学生自主进行比赛的能力。

思政目标:通过双打战术的学习与练习,让学生感受团队合作的重要性,树立团队合作意识。

课程思政教学案例
教师:焦振超
扫码看视频

二、课程思政教学设计

(一)思政元素类型

本节课的课程思政元素为中华民族的传统美德——团结合作。

(二)课堂教学手段

1. 教学方法

课堂讲授法:通过语言讲解网球双打比赛的重点与难点。

完整示范法:通过比赛演示,培养学生战术配合的意识。

案例法:通过讲解专业运动员的比赛案例,使同学们了解双打比赛中战术配合的重要性,激发同学们团结合作的意识。

比赛练习法:通过比赛实践,帮助同学们熟悉战术配合,并使同学们在比赛过程中切身感受团队合作的重要性。

2. 课程思政融入方式

课程思政融入方式为隐性渗透式。

（三）思政元素内容

本节课的思政元素为团结合作。在学习网球双打战术配合的同时，将中华民族的传统美德——团结合作融入课堂教学中。在比赛中发现有部分同学没有很好配合，老师及时指出时，有的学生表示"不需要配合，我自己一个人能应付过来"；还有学生在比赛中出现没有交流、互相埋怨导致抢球、丢球的现象。老师根据这些现象将团队合作的品质融入了课堂，要求学生相信同伴能够处理好球，并要做到互相鼓励，开球之前击掌来鼓励队友，同时也要做到互相包容，每个人都会出现失误，这时应该包容队友，共同努力，并引入日常打扫卫生和我们国家对抗疫情全民一条心的例子，激励学生要有团队合作的精神，使学生懂得团队的重要性。在老师讲完之后，学生在比赛中都能够表现出互相包容、互相鼓励的团队合作精神，不仅提升了技术，也增进了学生之间的友谊。

三、教学反思

本节课以学生为中心，通过课堂讲授、示范及比赛练习法，对学生比赛中的战术配合提出要求，通过表现好的组合示范，鼓励学生们相信同伴、互相包容，培养学生的团队合作精神，并讲述了全国人民共同抗疫取得胜利的例子。本节课上学生学习态度积极，团队合作突出，部分学生在接受思想教育后，深刻认识到自己的力量是渺小的，只有团结合作才能获得共同的胜利，在接下来的比赛中表现突出，团队意识明显增强。作为一名体育教师在今后的课堂教学中，要不断激励学生相信队友、互相鼓励、互相包容，并对学生的技战术提出更高标准的要求，使学生不仅在技术的掌握上有所提升，更在思想意识方面上一层楼。

课程思政案例3:网球教学比赛(1)

一、课程概述

本节课网球单打比赛。

知识目标:通过学习,使学生掌握网球单打比赛的规则与方法。

能力目标:通过练习与比赛实践,使学生具备自主进行比赛的能力。

思政目标:通过组织学生进行教学比赛,培养学生认真对待比赛的态度,提升学生尊重比赛、尊重对手、做文明观赛的良好意识。

课程思政教学案例
教师:焦振超
扫码看视频

二、课程思政教学设计

(一)思政元素类型

本节课的课程思政元素为中华民族优秀品质——懂礼仪。

(二)课堂教学手段

1. 教学方法

课堂讲授法:通过语言讲解网球竞赛流程与比赛过程中的注意事项。

比赛实践法:通过教学比赛实践,检验学生各项技术的掌握程度,使同学在比赛中互相学习、共同进步,同时提升学生明事理、懂礼仪、尊重比赛等方面的意识。

榜样激励法:通过比赛,培养学生的良好礼仪行为,引导学生树立尊重对手、尊重比赛的意识。

案例教学法:通过引入案例,培养学生在观看比赛中懂得基本礼仪的意识。

2. 课程思政融入方式

课程思政融入方式为隐性渗透式。

(三)思政元素内容

本节课的课程思政元素是懂礼仪。通过教学比赛的方式进行授课,讲解网球观赛礼仪,通过举例赛场上的真实案例,指出:首先,只要运动员还没到休息时间,观赛者就不得随意进出场地;当球员开始比赛时,观赛者不管走到哪,应在原地不动。其次,除非必要,观众最好不要大声喊叫或鼓掌,以免影响比赛。当然,在比赛开始时,开场鼓掌是必要的。当裁判提醒要求现场安静时,应当立即安静,否则会影响到比赛,并将手机调为静音或振动模式,且在比赛期间避免接打电话,照相时不能使用闪光灯。让学生了解网球观赛礼仪,营造一个良好的观赛环境,一起为我们喜欢的运动加油吧!

三、教学反思

本节课授课内容为网球单打比赛,由教师引导学生进行自主教学比赛。在比赛之前,先带领学生学习网球观赛礼仪,并给学生讲解网坛比赛过程中的不文明现象,要求学生在班内比赛过程中做到懂礼仪,在平时的学习与生活中发扬民族精神。本节课中,学生认真听讲,能够跟着老师的思路进行学习,并积极提出问题与老师沟通,展现出了对网球的极大兴趣。在今后的网球教学中,我会将网球礼仪贯穿到每一节课的教学中,让学生真正做到文明观赏、礼貌观赛。

课程思政案例4:网球教学比赛(2)

一、课程概述

本节课学习网球单打比赛相关内容。

知识目标:通过学习,使学生掌握网球单打比赛的规则与方法。

能力目标:通过练习与比赛实践,使学生具备自主进行比赛的能力。

思政目标：通过组织学生进行教学比赛，培养学生认真对待比赛的态度，提升学生尊重比赛、尊重对手的良好意识。

课程思政教学案例
教师：焦振超
扫码看视频

二、课程思政教学设计

(一)思政元素类型

本节课的课程思政元素为中华民族优秀品质——尊重对手。

(二)课堂教学手段

1. 教学方法

课堂讲授法：通过语言讲解网球竞赛流程与比赛过程中的注意事项。

比赛实践法：通过教学比赛实践，检验学生各项技术的掌握程度，促使学生在比赛中互相学习、共同进步，同时培养学生尊重对手的意识。

榜样激励法：通过比赛过程中学生的正确行为，引导学生树立尊重对手、尊重比赛的意识。

案例教学法：通过引入某知名网球运动员飞速搀扶受伤对手的案例，培养学生尊重对手的意识。

2. 课程思政融入方式

课程思政融入方式为隐性渗透式。

(三)思政元素内容

本节课的课程思政元素是尊重对手。通过教学比赛的方式进行授课，在比赛过程中，发现有个别学生出现不尊重对手的表现，赢球之后朝对方"示威"的不文明行为，教师指出这是一种不尊重对手的做法，更是违反了体育道德。奥地利作家卡夫卡说过"真正的对手会给你灌输大量的勇气"，因此尊重你的对手才能彰显个人的品质和智慧。比赛和生活中出现一个对手、一些压力或一些磨难,不是坏事,这些变相的压力就等于给了自己动力。对手是一面镜子,你可以更好地正视自己。他们会毫不留情地发现你的缺点所在并发动猛烈的攻击,虽然一方面威胁到了你的竞赛成绩,但另一方面却在帮助你改正缺点、完善自我。对手是警钟,在时刻提醒你:自满是阻碍进步的绊脚石。引导学生尊重对手,同时让学生知道尊重对手就是尊重自己,尊重自己热爱的这项运动。

三、教学反思

本节课授课内容为网球单打比赛。以学生为主体,教师引导学生进行自主教学比赛,首先让学生了解网球比赛的基本规则,通过分组比赛的方式,让每位学生在比赛中互相学习、共同进步。个别学生在比赛过程中出现轻视对手、朝对手示威等行为。通过案例教学法向学生分享知名网球运动员与对手之间的故事,来教导学生要树立尊重对手、尊重比赛的意识,才能获得他人的尊重。作为一名教师,在今后的课堂教学中,不仅要对学生的技术提出要求,更要培养学生的精神品质,使学生在掌握运动技能的同时不忘中华民族的优秀品质。运动技术的培养很重要,但体育道德精神的培养更重要。

参考文献

[1] 马春燕,雷耀方. 大学体育(AR+慕课版)[M]. 北京:人民邮电出版社,2017.

[2] 文超. 田径运动高教教程[M]. 3版. 北京:人民体育出版社,2013.

[3] 陈佩杰,唐炎. 青少年运动技能等级标准与测试方法[M]. 北京:科学出版社,2018.

俱乐部活动

网球竞赛给了学生努力的目标和方向。学生学习网球,开始都充满兴致,而一旦进入"平台期",不再有那么多"看得到的进步"时,很容易陷入迷茫。在竞赛中,学生的网球技能得到了最真实和最精彩的展现。竞赛中暴露出的技能缺陷是下一步提升的指南,有利于更高效、全面地学习网球,同时使思想得到了升华。

山东华宇工学院
体育俱乐部
□ SPORTS CLUB ///////

体育俱乐部 14：毽球

毽球俱乐部简介

  毽球俱乐部成立于 2021 年，为我校体育俱乐部之一，现有学生 200 余人。毽球俱乐部旨在普及毽球相关知识，培养学生对毽球这一民族传统体育运动项目的兴趣，提高毽球技术水平。毽球运动隶属于技能主导类隔网对抗项目，结合了排球、足球、羽毛球等运动的特点，以趣味性、灵活性吸引了学生参与。

立德树人 以体育人 | 大学体育课程思政教学实践

指导老师简介

李彤，硕士研究生，毕业于聊城大学体育学院体育教学专业，毽球一级裁判员。主要负责毽球俱乐部的教学、训练、活动、竞赛工作，并负责毽球社团各类比赛和活动。主持市厅级课题一项、校级课题一项，参与省部级课题一项，市厅级课题一项，校级课题两项。

> 教材信息：《毽球运动》
> 　　　　　高等教育出版社 ISBN 978-7-0405-4976-8
> 授课对象：本科各专业
> 课程类型：通识教育课程
> 课程性质：必修课程
> 课程思政建设团队：李彤

课程思政案例1：复习腿触球

一、课程概述

本节课的学习内容是复习腿触球。

知识目标：使学生进一步了解腿触球的动作要领，建立正确的技术动作表象，形成技术动作概念。

能力目标：通过练习，使学生更好地掌握腿触球技术动作。

思政目标：在练习的过程中引导学生戒骄戒躁，树立追求卓越的良好意识。

课程思政教学案例
教师：李彤
扫码看视频

二、课程思政教学设计

(一)思政元素类型

本节课的课程思政元素为追求卓越。教师不仅要向学生传授知识、技能，更要通过练习，引导学生摒弃"差不多"的思想，追求更卓越的境界。

(二)课堂教学手段

1. 教学方法

课堂讲授法：通过语言讲解腿触球的动作要领。

自主练习法:通过自主练习,锻炼学生的自我学习能力。

案例教学法:通过引入乒乓球国家队的优秀事迹,激励学生向榜样看齐,勉励同学们追求更卓越的境界。

2. 课程思政融入方式

课程思政融入方式为隐性渗透式。

(三)思政元素内容

本节课的课程思政元素为追求卓越。在练习时,有名学生认为自己已经学会了动作,于是表现出消极情绪,不认真练习。教师发现后,令其与另外两名同学一同展示,另外两名同学不仅能很好地完成腿触球,还能和之前所学的踢球动作衔接起来,非常棒。通过论语中"取乎其上,得乎其中;取乎其中,得乎其下;取乎其下,则无所得矣",告诫同学们不管是在体育课,还是其他的领域,都不能做"差不多先生",如果凡事追求"差不多",最后的结果可能"差很多"。同时以乒乓球国家队精益求精的例子,勉励同学们追求更卓越的境界,在自己的领域里做出一番成绩,有一番作为,不辜负自己的所学。

三、教学反思

本节课进行的是复习腿触球。在练习时,发现部分学生消极练习,随后通过对比其与优秀生的表现及乒乓球国家队勤奋练习的例子,使学生明白学会动作不算会,要追求完美,精益求精。通过本次授课,我认识到在教学中不仅要教会学生毽球基本知识和技能,更应要求学生摒弃"差不多"的思想,引导学生在今后的学习、工作和生活中追求卓越,有一番作为,不辜负自己的所学。

课程思政案例2：脚内侧踢球考核

一、课程概述

本节课主要进行毽球的脚内侧踢球考核。

知识目标：通过考核，让学生认识到自己的不足之处和努力的方向。

能力目标：通过练习和考核，使90%的学生较好地掌握脚内侧踢球技术动作。

思政目标：在考核的过程中帮助学生树立坚持锻炼的意识，养成良好的运动习惯。

课程思政教学案例
教师：李彤
扫码看视频

二、课程思政教学设计

(一)思政元素类型

本节课的课程思政元素为养成良好的运动习惯。教师不仅要向学生传授知识、技能，更重要的是通过多样的练习方法与手段，培养学生运动兴趣，增强学生身体素质，从而树立终身体育意识，养成良好的运动习惯。

(二)课堂教学手段

1. 教学方法

课堂讲授法：通过语言讲解脚内侧踢球的测试方法和评分标准。

自主练习法：通过自主练习，培养学生的自我学习能力。

案例法：通过讲解一些知名人士坚持体育锻炼的事迹，提升学生坚持锻炼的意识，养成终身锻炼的运动习惯。

测验法：通过考核，检测学生的掌握能力并培养学生终身体育意识和终身锻炼的运动习惯。

2. 课程思政融入方式

课程思政融入方式为隐性渗透式。

(三) 思政元素内容

本节课的课程思政元素为养成良好的运动习惯。在进行脚内侧考核时通过成绩好与差的对比，将良好运动习惯的养成融入学习、生活及未来的工作。在考核时，发现一名学生表现得很不好，她说是因为课下疏于练习；另一名学生，最初身体不协调，动作不规范，但是在考核时表现突出，进步明显，他自言每天都练习，生怕考试不及格。通过对比两名同学的表现，说明了坚持锻炼的重要性，更让学生明白，要求其坚持锻炼不仅是为了通过考核，更是希望其养成良好的运动习惯，从而受益终身。通过知名人士坚持锻炼的真实例子，鼓励学生积极进行体育锻炼，树立其终身体育意识，增强体质，增进健康，养成良好的运动习惯，拥有高质量的人生。

三、教学反思

本节课进行的是脚内侧踢球考核。通过考核，发现部分学生疏于练习，考核成绩不佳；另有学生坚持每天练习，考核时表现突出，进步明显。通过对比两类学生的表现及知名人士坚持运动锻炼的例子，使学生认识到坚持锻炼的重要性。本次考核让我明白在今后的教学中，不仅要教会学生毽球基本知识和技能，还应在思想上进一步强化学生的终身体育意识，培养学生坚持运动锻炼的良好习惯。

课程思政案例3：教学比赛(1)

一、课程概述

本节课的学习内容是毽球教学比赛。

知识目标：使学生了解毽球比赛流程，熟知毽球竞赛规则。

能力目标：通过教学比赛，提高学生技战术水平、比赛能力及良好的身体素质。

思政目标：通过教学比赛，培养学生团结合作的意识。

课程思政教学案例
教师：李彤
扫码看视频

二、课程思政教学设计

（一）思政元素类型

本节课的课程思政元素为中华民族传统美德——团结合作。

（二）课堂教学手段

1. 教学方法

课堂讲授法：通过语言讲解毽球比赛流程与教学比赛中的注意事项。

比赛交流法：通过教学比赛，检验学生各项技术的掌握程度，使学生在比赛中互相学习、互相进步，同时培养学生团结合作的意识。

2. 课程思政融入方式

课程思政融入方式为隐性渗透式。

（三）思政元素内容

本节课思政元素为中华民族传统美德——团结合作。通过教学比赛的方式进行授课。红队学生平时实力比较强，但是一旦输球，就开始相互埋怨，以至于输掉了这场比赛。教师在本场比赛结束之后及时将所有同学集合起来，指出了红方队员互相埋怨的现象。教师通过耳熟能详的俗语及同学们以往在运动会上团结合作的表现，向大家说明了团结合作的重要意义，将团结合作意识融入课堂教学，使学生在学习知识的同时，更注重提高道德素养。

三、教学反思

本节课授课内容是教学比赛。首先让学生了解并掌握毽球比赛的基本规则,然后通过分组比赛的方式,让每一名同学能够通过教学比赛,互相学习、互相进步。在比赛过程中,红队学生一旦输球就开始相互埋怨,本来能赢的局面因为互生怨怼而输掉。在比赛结束后,我因势利导,首先肯定他们的努力,再指出红队学生在比赛过程中所表现出来的不团结现象。本次教学比赛,不仅仅是对学生技术、战术的考验,也是对学生团结合作意识的培养。通过本次教学活动,我有了进一步的认识,我认为教学比赛不仅是让学生掌握好技术,更重要的是帮助学生建立团结合作的意识。在今后的教学中还应注重对学生意志品质的培养,使学生的学习效果更上一层楼。

课程思政案例4:教学比赛(2)

一、课程概述

本节课的学习内容是毽球教学比赛。

知识目标:使学生了解毽球比赛流程,熟知毽球比赛规则。

能力目标:通过教学比赛,提高学生技战术水平、比赛能力及良好的身体素质。

思政目标:通过教学比赛,培养学生尊重对手的意识。

二、课程思政教学设计

(一)思政元素类型

本节课的课程思政元素为中华民族传统美德——尊重对手。

(二)课堂教学手段

1. 教学方法

课堂讲授法:通过语言讲解毽球比赛流程与教学比赛中的注意事项。

比赛交流法:通过教学比赛,检验学生各项技术的掌握程度,使学生在比赛中互相学习、互相进步,同时培养学生尊重对手的意识。

2. 课程思政融入方式

课程思政融入方式为隐性渗透式。

(三)思政元素内容

本节课思政元素为中华民族传统美德——尊重对手。通过教学比赛的方式进行授课。在比赛过程中,红方选手比较强,蓝方选手比较弱,比赛结束后,赢球的一方看不起输球的一方,从而两方发生了口角和争执。教师在本场比赛结束之后及时将所有同学集合起来,指出了这场比赛红方选手出现的不尊重对手的现象,教师向同学们列举了里约奥运会上中国女排队员尊重巴西队对手、尊重裁判的真实案例,并表示中国女排队员的做法不仅尊重了对手,更是获得了对手、观众的尊重。通过这个案例来引导学生认识到尊重对手的重要性,同时让同学们知道尊重对手就是尊重自己,尊重自己热爱的运动项目。

三、教学反思

本节课授课内容是教学比赛,首先让学生了解并掌握毽球比赛的基本规则,通过分组比赛的方式,让每一名同学互相学习、互相进步。教师并未特意强调比赛过程中应尊重对手,恰恰在比赛教学过程中,一组同学在赢球之后出现轻视对手、赛后不握手等不尊重对手的现象。通过本次教学活动,我有了进一步的认识:教学比赛不仅是让学生掌握好技术,更重要的是要让学生学会尊重对手,在日常比赛中帮助学生建立尊重裁判、尊重对手、遵守规则的意识。在今后的教学中还应注重对学生意志品质的培养,使学生能够获得更好的学习成效。

参考文献

[1] 龙明,王会娟. 毽球运动 [M]. 北京:高等教育出版社,2020.
[2] 李新生,王建华. 毽球 [M]. 济南:济南出版社,2016

俱乐部活动

毽球俱乐部充分利用学校场地设施,组织学生积极开展体育运动,多次举办"1分钟个人计数赛"和"平推三人赛",丰富我校体育文化生活,培养学生团结合作、勇于拼搏的体育精神,开阔学生视野。

山东华宇工学院
体育俱乐部
□ SPORTS CLUB ///////

体育俱乐部15：花样跳绳

花样跳绳俱乐部简介

  花样跳绳俱乐部成立于2021年，现有学生241人，旨在增强学生体质，形成良好的体育锻炼习惯，普及花样跳绳的相关知识，引导学生发展个性，培养学生协作精神。充分利用我校的场地设施，组织学生积极参加体育活动，丰富学生课余生活。

| 立德树人 以体育人 | 大学体育课程思政教学实践

指导老师简介

张婧雪,讲师,硕士研究生,毕业于聊城大学体育学院体育教学专业。主要负责花样跳绳俱乐部的教学、训练、活动、竞赛工作。主持横向课题1项,发表D类论文1篇,参与横向课题多项。

体育俱乐部 15：花样跳绳

褚金梁，助教，硕士研究生，毕业于沈阳体育学院体育教学专业。主要负责花样跳绳俱乐部的教学、训练、活动、竞赛工作。

教材信息：《花样跳绳》
高等教育出版社 ISBN 978-7-0403-8597-7
授课对象：本科各专业
课程类型：通识教育课程
课程性质：必修课程
课程思政建设团队：张婧雪、褚金梁

课程思政案例1：多长绳花样

一、课程概述

本节课的学习内容是花样跳绳课程中的多长绳花样。

知识目标：通过讲解示范，使学生建立多长绳花样跳绳的技术动作概念，掌握多长绳花样跳绳的技术要领和方法。

能力目标：通过多长绳花样跳绳的练习，使学生掌握多长绳花样跳绳的技术动作。

思政目标：通过多长绳花样跳绳的练习，培养学生团结合作精神。

课程思政教学案例
教师：张婧雪
扫码看视频

二、课程思政教学设计

(一)思政元素类型

本节课的课程思政元素为中华民族精神——团结合作。

(二)课堂教学手段

1. 教学方法

课堂讲授法：通过讲解，使学生明确多长绳花样跳绳的重点与难点，建立正确的动作技术概念。

完整示范法：通过完整示范，使学生形成正确的多长绳花样跳绳的动作表象。

自主训练法：通过自主练习，培养学生自我管理与团结合作能力。

案例法：通过典型的案例导入，挖掘案例所蕴含的思政元素，树立榜样，在激发学生学习兴趣的同时培养学生团结合作精神。

练习法：通过多长绳花样跳绳的练习，进一步掌握技术动作的要领，提高动作质量。

2. 课程思政融入方式

课程思政融入方式为隐性渗透式。

(三)思政元素内容

本节课思政元素为团结合作精神。在练习技术动作的过程中，采用"差错管理"办法发现学生在上课过程中所出现问题——在多长绳花样跳绳的练习过程当中，摇绳同学没能控制好摇绳的速度、高度，以该问题为切入点融入团结合作的思政元素，使学生在掌握动作技能的同时培养团结合作的精神。通过观察发现，在练习的过程中，学生们在配合方面出现不同程度的问题,如摇绳的高度不统一;摇绳的节奏不一致,更重要的是各组小组长没能协调好组员之间的关系,大家各自为政,最终导致小组的效果不好,总体来说大家缺乏团队合作的意识。针对该问题提出团结合作可制胜的观点,鼓励学生先商量、后做事,同时强调摇绳的高度、速度、节奏的重要性,并以中国女排在2019年女排世界杯中十一连胜卫冕的壮举,以及国际奥委会将"更团结"写入奥林匹克宣言,启发学生团队精神是一切工作的基础,没有团结合作,只能是一盘散沙。讲解完后,各小组的同学在练习之前,相互交流,统一了动作要求,同时各组小组长负责下达口令,在大家的共同努力下,每个小组的配合相对之前更为默契,顺利完成了多长绳花样的练习。在本节课中,教师通过思想引导和练习实践,使学生在练习过程发挥出了团结合作的精神。

三、教学反思

本节课的学习内容是多长绳花样技术。在多长绳花样的学习过程中,发现学生之间因配合不到位出现失误,老师通过语言激励、案例导入等方式,启发学生团队精神是一切工作的基础,让学生明白团队合作的重要性,没有团结合作,只能是一盘散沙。作为一名老师,在今后的教学过程中,要进一步强调团队合作的重要性。

课程思政案例2:长绳绕"8"字

一、课程概述

本节课的学习内容是花样跳绳课程中的长绳绕"8"字。

知识目标:通过学习,使学生了解长绳绕"8"字的技术概念、技术要领和方法。

能力目标:通过长绳绕"8"字的练习,使学生掌握长绳绕"8"字的技术动作。

思政目标：通过对长绳绕"8"字的学习，培养学生奋勇拼搏的意志品质。

二、课程思政教学设计

(一)思政元素类型

本节课的课程思政元素为中华民族的传统美德——奋勇拼搏。

(二)课堂教学手段

1. 教学方法

课堂讲授法：通过讲解长绳绕"8"字的动作要领，建立正确的动作技术概念。

完整示范法：进行完整示范，使学生形成正确的长绳绕"8"字的动作表象。

自主训练法：通过自主练习，培养学生自我管理与沟通协作能力。

案例法：通过典型的案例分析，挖掘案例所蕴含的思政元素，树立榜样，在激发学生学习兴趣的同时培养学生奋勇拼搏的意志品质。

练习法：通过对长绳绕"8"字的练习，进一步掌握技术动作的要领，提高动作质量。

2. 课程思政融入方式

课程思政融入方式为隐性渗透式。

(三)思政元素内容

本节课的课程思政元素为奋勇拼搏。在学习长绳绕"8"字的过程中，将中华民族的传统美德——奋勇拼搏——融入课堂教学中，使学生在掌握动作技能的同时培养奋勇拼搏的意志品质。通过观察发现，学生在练习长绳绕"8"字的过程中,出现了不敢进绳的问题,产生了畏难的情绪。针对该问题,我"对症下药"开出勇气可胜怯懦的"药方",并以雅典奥运会女子运动员"冒死一举"勇夺金牌的英勇事迹,启发学生理解奋勇拼搏的内涵——为达目标不畏艰难、锐意进取,鼓舞学生面对学习和生活中的各种困难时,应敢于面对、勇于挑战。讲解完后,继续进行分组练习,在这次练习中,学生虽有失误发生,但都敢于进绳,顺利完成了长绳绕"8"字的练习。在本节课中,教师通过启发和指导,使学生在练习过程发挥出奋勇拼搏的精神,突破自己,战胜自己。

三、教学反思

本节课的学习内容是长绳绕"8"字技术。本节课的教学组织形式具有一定的趣味性,练习内容具有一定的实效性,但练习过程中学生出现"躲绳、不敢进绳"的情况,教师及时发现问题并进行纠错,同时引入案例,启发学生在学习和生活中遇到各种困难时,应敢于面对、勇于挑战。作为一名教师,在今后的教学中要树立"育人先育己"的理念,不断挖掘、充实奋勇拼搏的内涵。

课程思政案例 3:长绳"8"字跳

一、课程概述

本节课的学习内容是花样跳绳课程中的长绳"8"字跳。

知识目标:通过讲解示范,使学生建立长绳"8"字跳的技术要领和方法。

能力目标:通过长绳的练习,使学生掌握长绳"8"字跳的进绳时机和跳绳节奏,努力实现团队练习的连续性。

思政目标:通过长绳的练习和严格要求,不断追求更高教学目标,培养学生追求卓越的体育精神。

二、课程思政教学设计

(一)思政元素类型

本节课的课程思政元素为积极向上的体育精神——追求卓越。

(二)课堂教学手段

1. 教学方法

课堂讲授法:通过讲解,使学生明确长绳"8"字跳进绳时机和把握节奏的重点与难点,建立正确的动作技术概念。

完整示范法:通过完整示范,使学生明确正确的长绳"8"字跳进绳时机和跳绳节奏的把握。

探究法:通过讲解引导学生进行思考,对技术动作和结构进行联想,提高学生对长绳"8"字跳技术动作的理解和掌握。

练习法:通过长绳的练习,进一步掌握技术要领,提高动作质量。

2. 课程思政融入方式

课程思政融入方式为隐性渗透式。

(三)思政元素内容

本节课思政元素为追求卓越。在练习技术动作的过程中,将积极向上的体育精神——追求卓越——融入课堂教学中,使学生在掌握动作技能的同时培养追求卓越的精神。通过观察发现:在练习的过程中,学生不好掌握进绳的时机,教师通过辅助练习的方法让学生们找到进绳的时机;学生出现惧怕绳的现象,教师时刻提醒和鼓励学生更加果断的进绳。为达到长绳"8"字跳的连续性,不断鼓励学生追求卓越。最后用一句口号回顾本节课的学习历程和动作技巧:排除万难,追求卓越,越努力我们越幸运!排除万难对应的是进绳时机和果断;追求卓越是学生能够不空拍完成长绳"8"字跳。最后告诉学生们:越努力我们越幸运!

三、教学反思

本节课的学习内容是长绳"8"字跳,从甩绳节奏、进绳位置、起跳位置和进绳时机等方面指导学生进行学习和练习。在练习过程中,学生出现惧怕绳、找不到进绳时机等问题,教师要仔细观察,留意每一名学生,并采用合理的方式去引导学生练习和掌握技术动作,不断鼓励学生,启发学生要不断尝试,主动思考,提高分析和处理问题的能力,才会不断突破和创造奇迹。同时在教学实践过程中要注意观察课堂中生成性教学目标的达成情况,将教师的指导过程和学生的思考过程结合起来,今后要进一步强调和培养学生追求卓越的精神。

参考文献

[1] 刘景刚. 民族民间体育 [M]. 大连:大连理工大学出版社,2009.
[2] 张欣. 绳彩飞扬 [M]. 沈阳:白山出版社,2010.

俱乐部活动

"摇绳练臂力,跳绳练腿力,跳摇配合练脑力",这是跳绳运动的主要健身功效。通过举办的校园花样跳绳比赛,增强了学生对体育活动的认识,提高了学生的身体素质。

2023年3月24日至27日,在临沂市举行的山东省学生健康活力大赛暨第一届全国学生(青年)运动会花样跳绳项目中,我校参赛队分别获得冠、亚军的好成绩。

立德树人 以体育人　大学体育课程思政教学实践

寄语 俱乐部

近年来，在各级领导的关心和支持下，在各位教师的共同努力下，大学体育课程教学改革工作取得了可喜的成绩。我们充分发挥体育综合育人功能，以体育智，以体育心，以体育人。体育俱乐部运动项目丰富多彩，既有传统项目，也有新兴项目，充分践行了个性化大学体育教学使命。在体育俱乐部制改革的带动下，各俱乐部每年开展各类活动和竞赛达一千多场次，参与学生达两万多人次，做到了"周周有活动、月月有比赛、人人都参与"。通过一系列的举措，学生体质得到了较大提升。

"体育无处不在，运动无限精彩。"大学体育课程改革永远在路上。我们将坚持不懈，砥砺前行，不断总结前一段时期的工作经验，改进不足，把华宇工学院大学体育课程改革工作推向纵深发展。